Georges d'Avenel

La Fortune mobilière dans l'histoire

essai

 Le code de la propriété intellectuelle du 1er juillet 1992 interdit en effet expressément la photocopie à usage collectif sans autorisation des ayants droit. Or, cette pratique s'est généralisée dans les établissements d'enseignement supérieur, provoquant une baisse brutale des achats de livres et de revues, au point que la possibilité même pour les auteurs de créer des œuvres nouvelles et de les faire éditer correctement est aujourd'hui menacée. En application de la loi du 11 mars 1957, il est interdit de reproduire intégralement ou partiellement le présent ouvrage, sur quelque support que ce soit, sans autorisation de l'Éditeur ou du Centre Français d'Exploitation du Droit de Copie , 20, rue Grands Augustins, 75006 Paris.

ISBN : 978-1539561873

10 9 8 7 6 5 4 3 2 1

Georges d'Avenel

La Fortune mobilière dans l'histoire

essai

Table de Matières

I. LE POUVOIR DE L'ARGENT — 6

II. LES MONNAIES ET LE TAUX DE L'INTÉRÊT — 38

III. LE CRÉDIT ET LA RUINE DES ANCIENS CAPITALISTES — 79

I. LE POUVOIR DE L'ARGENT

Quels sont les résultats *matériels* de ce qu'on nomme la civilisation, pour les différentes classes sociales : celle des propriétaires mobiliers et fonciers, celle en particulier, la plus nombreuse, des travailleurs manuels : ouvriers et paysans ? C'est pour répondre à cette question, aujourd'hui d'une actualité très vive, mais que depuis longues années déjà il s'était posée, que l'auteur de cette étude a entrepris les travaux dont il présente l'un des résultats aux lecteurs de la *Revue*.

Le sort du Français de 1892, qui vit du produit de ses revenus ou de son labeur, est-il le même que celui de son aïeul, en 1789, au jour de la révolution, en 1700 durant la vieillesse de Louis XIV, en 1600, sous le sceptre d'Henri IV, en 1500 à l'avènement de Louis XII ? Le même que celui de ces populations, séparées de lui par vingt-cinq ou trente cercueils d'ancêtres, qui jouirent et peinèrent comme lui, il y a cinq et six siècles, sous Charles le Sage ou sous saint Louis ? Si ce sort a changé, est-ce toujours en bien, ou au contraire, comme on l'a dit souvent, en mal ? Quelles ont été par exemple les intimes et poignantes péripéties dont la bourse des humbles fut le modeste théâtre, cette bourse qui vit au jour le jour et n'a eu, depuis sept cents ans, d'autre ambition chaque année que d'en joindre les deux bouts ?

Ce sort, après tant de vicissitudes, a-t-il en définitive empiré aujourd'hui, ou s'est-il amélioré ? Et dans quelles limites, sous l'action de quelles causes ? La masse de notre temps est-elle plus heureuse que la plèbe des temps qui l'ont précédé ? Plus heureuse *économiquement*, bien entendu, puisqu'il y a plusieurs sortes de bonheurs : le bonheur prêché par les religions, qui consiste à se résigner à la volonté de Dieu, à regarder la vie présente comme une épreuve, pour obtenir après la mort une félicité parfaite ; le bonheur philosophique, qui réside dans le contentement de ce qu'on a, même quand on n'a rien ou très peu de chose, dans la restriction de ses désirs à la faculté que l'on a de les satisfaire. Il y a aussi le bonheur moral, celui qui résulte des affections partagées, des succès obtenus, de tout ce qui flatte et réjouit l'esprit ou le cœur.

A celui-là se rattache, pour le plus grand nombre des citoyens, la possession de la dignité civique, de droits publics étendus, de la plus grande somme possible de liberté et d'égalité, acquise en commun à tous les membres de la nation indistinctement. Il est clair que, politiquement et socialement, la situation du Français actuel n'est pas à comparer avec celle de ses pères. On en suit, à travers les âges, les progrès lents ou rapides, selon les époques, mais presque incessants, pour admirer, à la fin de notre siècle, le degré d'élévation où elle est enfin venue, qui semble son maximum. Là-dessus tout le monde est d'accord.

Mais ce n'est pas aux jouissances de cet ordre que notre étude est consacrée. Elle ne s'occupe que du bonheur économique, de celui qui, contrairement au proverbe inventé par des millionnaires que « la richesse ne fait pas le bonheur, » naît de la richesse, ou tout au moins de l'aisance, qui consiste dans l'accroissement des besoins, créés par la possibilité de les satisfaire, du bonheur matériel enfin, de la douceur de vivre, du bien-être.

Quel est à cet égard le bilan des découvertes modernes ? Avançons-nous ou croyons-nous seulement avancer ? Sommes-nous le jouet d'illusions vaines ou avons-nous conquis quelque chose… et quoi ? La question m'a paru d'importance, et de nature à en faire surgir beaucoup d'autres. L'histoire politique et militaire de la France est faite, refaite même, et par des maîtres ; on est en train d'en mettre à nu les détails. Les négociations diplomatiques, les intrigues, les pensées les plus secrètes du passé, sont étalées devant nos yeux, percées à jour, parfois honteuses du plein air. L'histoire économique et financière de notre pays est encore à faire. Non pas que de grandes et belles œuvres ne jalonnent déjà la route que devra parcourir celui qui, un jour, l'écrira ; que la lumière n'ait été promenée autour de quelques gros événements, le long de quelques institutions capitales ; mais, dans son ensemble, cette portion de nos origines reste obscure. Les documents sont épars encore avec lesquels nos descendants composeront des histoires complètes de l'agriculture, du commerce, des salaires, de l'argent, sous ses multiples aspects et dans ses diverses manifestations. Plus tard, peut-être, on connaîtra l'état des moyens de transport au moyen âge, ou le nombre des hectares cultivés sous François 1er, avec autant de précision, que l'on connaît le nom et la durée des maîtresses successives de Louis XIV.

I. LE POUVOIR DE L'ARGENT

Jusqu'à présent, sauf un Fustel de Coulanges, un Léopold Delisle, un Levasseur, et quelques autres en très petit nombre, les historiens laissent de côté l'économie politique, les économistes s'abstiennent d'aborder l'histoire. Il est cependant une certaine école très savante, qui extrait des trésors du sein des bibliothèques, mais elle répugne généralement à en tirer parti. Elle livre au public des blocs de marbre, qu'il ne lui plaît ni de tailler ni de voir tailler. Y porter une main profane, interpréter, dévêtir, débarbouiller seulement ces documents, vierges de toute explication, inféconds par là même, c'est, aux yeux de ces maîtres trop scrupuleux, commettre une sorte de viol historique, réduire un texte inattaquable en une vile pâte à discussion. De peur de faire mentir ce texte en le faisant parler, ceux-là préfèrent le voir se taire. Cependant, s'il se tait, nous ne saurons rien.

Pour étudier avec fruit la situation pécuniaire des différentes classes, et les transformations respectives qu'elles ont subies aux siècles passés, il fallait naturellement passer en revue les sources de leurs recettes et les chapitres de leurs dépenses. Comme de nos jours, ces recettes proviennent du capital, — valeurs mobilières ou propriété foncière, — et du travail.

L'histoire des salaires, c'est l'histoire des pauvres ; l'histoire de la terre et de l'argent, c'est celle des riches, des gens qui peuvent vivre sans travailler. C'est par eux que nous commencerons.

I

Une conclusion de ces recherches, qu'il importe de signaler tout d'abord, c'est que les faits politiques ou sociaux et les phénomènes économiques sont indépendants les uns des autres : un pays de serfs ou de demi-serfs peut être heureux, une nation de citoyens libres peut être malheureuse. Ce que de mauvais gouvernements ont possédé sans le chercher, par suite d'évolutions physiques qui s'accomplissaient de leur temps, en dehors d'eux, à savoir le bien-être de la masse de leurs sujets, de bons gouvernements le chercheront avec zèle et bonne foi, sans l'obtenir, parce qu'ils auront à lutter avec des forces naturelles contre lesquelles ils sont et seront toujours impuissants. Il est un enseignement donné par l'expérience des siècles qui viennent de s'écouler, c'est que, lors même que rien ne serait libre en un État, le prix des choses le demeurerait néanmoins, et ne se laisserait asservir par quiconque.

Ce que les despotes, régnant sur des populations ignorantes, n'ont pu faire dans des époques presque barbares, des parlements, légiférant au nom d'électeurs souverains, ne l'imposeront pas à leurs commettants. Les ordonnances royales d'hier n'ont pu faire baisser, par le maximum qu'elles édictaient, le salaire des ouvriers ; les lois démocratiques de demain ne pourraient pas davantage faire hausser ces mêmes salaires, par le minimum qu'elles se flattent d'imposer. Quoiqu'il soit, en théorie, du *devoir* de la politique de chercher à augmenter, par des mesures législatives, le bien-être du plus grand nombre, il n'est pas pratiquement en son *pouvoir* de réaliser cette augmentation, non pas même d'y influer sérieusement. Et la seule chose qu'elle puisse faire, c'est de ne pas entraver, par des tentatives incohérentes, l'accroissement spontané du bien-être, que le libre jeu des forces économiques procure de nos jours à l'ouvrier.

Voilà ce que nous apprend l'histoire, qui offre, pour les faits de ce genre, un large champ d'observation. Qu'on laisse agir la civilisation moderne ! Les résultats qu'elle a jusqu'ici obtenus, — et ce sera une seconde conclusion de ces articles, — sont en vérité extraordinaires. Le progrès contemporain agit exclusivement dans l'intérêt du travailleur : le capital mobilier, puis le capital immobilier, ont été atteints l'un après l'autre, par la baisse du pouvoir de l'argent, de la livre tournois et du taux de l'intérêt, par la concurrence étrangère. Le travail gagne tout ce qu'ils ont perdu, tout ce qu'ils perdront encore. Les prodigieuses découvertes auxquelles nous assistons depuis cent ans auront pour effet fatal l'abaissement des capitalistes qui ne sont pas autre chose que des capitalistes, c'est-à-dire de la propriété léguée et oisive, en même temps que la glorification du travail, et de la propriété personnelle et récente.

Les observations qui précèdent, aussi bien que celles qui vont suivre, ont pour fondement solide les prix anciens des terres, des denrées, des salaires, et de toutes les marchandises imaginables, réunis par moi au nombre d'environ quarante mille, et classés en un certain nombre de groupes ou tableaux distincts, après avoir été convertis en francs et ramenés aux mesures actuelles du système métrique. Le lecteur entend bien que, sans ces chiffres, qui seront publiés quelque jour, cette étude ne serait qu'une dissertation plus ou moins ingénieuse, aisément réfutable. Par eux, elle acquiert un degré de certitude dont la science peut tirer profit.

Tous, nous sommes à la fois producteurs et consommateurs ; les productions des uns sont les consommations des autres, et réciproquement. Tous par conséquent, depuis le banquier milliardaire jusqu'au journalier rural qui vit de ses deux bras, nous sommes d'autant plus riches, ou d'autant plus aisés, que nous vendons plus cher nos marchandises : loyer de l'argent, de la terre, de l'intelligence ou du simple travail manuel ; et que nous achetons meilleur marché les marchandises d'autrui. Pour dresser le budget de chacun d'entre nous, depuis ceux qui dépensent par jour 25,000 francs, jusqu'à ceux qui dépensent 2 fr. 50, et apprécier les variations que ce budget a dû subir à travers les siècles, il convenait de savoir, à *toutes* les époques, le prix de *tout* ce que les hommes entre eux ont pu vendre et acheter.

II

Cela n'était pas moins nécessaire pour déterminer d'une façon positive, dans ses grandes lignes du moins, les oscillations du « pouvoir de l'argent, » depuis le commencement du XIIIe siècle, par exemple, jusqu'à nos jours. Or, la connaissance du pouvoir de l'argent est la base d'un travail historique sur la fortune mobilière.

Nul n'ignore que l'on entend par « pouvoir de l'argent, » — et par là, l'on désigne indistinctement les deux métaux monnayés, — le rapport de la valeur de l'or ou de l'argent fin d'une époque, à la valeur de l'or ou de l'argent fin d'une autre époque, prise pour terme de comparaison. Quelle somme de richesses représentait le kilogramme d'argent de 1300, de 1500, de 1700 ? Quelle est celle que procure aujourd'hui le même kilogramme d'argent ? « Ce parallèle, dit Jean-Baptiste Say, est *la quadrature du cercle de l'économie politique*, parce qu'il n'y a pas de mesure commune pour l'établir. » S'en tiendra-t-on en effet aux objets de première nécessité ? Fera-t-on entrer en ligne de compte toutes espèces de marchandises, et notamment les objets de luxe ? On devine les incertitudes et les difficultés que présentent ces comparaisons ; la plupart des historiens y ont renoncé, par lassitude : « les différences de valeur d'une même somme suivant les temps et les lieux, a-t-on souvent dit, ne pouvant être connues d'une manière fixe, rendent impossible la comparaison, quelquefois tentée, des richesses de deux époques ou de deux nations voisines. »

Il est, en effet, aisé d'observer que, selon le choix des éléments employés dans ces calculs de la puissance d'achat des métaux précieux, on arrive trop souvent à des résultats contradictoires ou absurdes. Tel a été malheureusement le cas de plusieurs savants, qui se sont obstinés à prendre, pour *criterium* du pouvoir de l'argent, une seule espèce de valeur qu'ils supposaient être, par sa nature, plus à l'abri qu'aucune autre des variations commerciales. Que cette valeur, soi-disant stable depuis l'antiquité, fut la journée du manœuvre, ou la paie du soldat, suivant la croyance assez naïve du comte Garnier, ou même le blé, suivant l'opinion qui compte les plus nombreux adeptes, aucune de ces bases isolées ne pouvait être admise. Demander au cours du blé de nous faire connaître le prix relatif de l'argent, c'est se condamner d'avance aux plus grossières erreurs ; parce que l'homme ne vit pas seulement de pain, et que la hausse ou la baisse des céréales, obéissant dans la suite des âges à des causes qui leur sont propres, ne joue qu'un rôle secondaire dans l'existence des sociétés civilisées.

C'est l'honneur de Leber, dans son *Appréciation de la fortune privée au moyen âge*, d'avoir bien compris et mis en relief cette vérité, que la connaissance exacte du pouvoir de l'argent ne pouvait être acquise qu'au moyen de l'accumulation d'une masse de prix, de toutes les choses nécessaires ou simplement utiles à la vie. Seulement il n'a pas réalisé le programme qu'il avait si sagement tracé. Leber a tiré des conclusions trop absolues d'un petit nombre de faits particuliers, de sorte que l'application des lois qu'il a formulées mène souvent à l'impossible. Cependant les coefficients donnés par lui, bien qu'ils exagèrent considérablement le pouvoir de l'argent aux XIIIe et XIVe siècles, et qu'ils ne tiennent aucun compte des fluctuations singulières de ce pouvoir pendant le XVe siècle, sont demeurés classiques. Ses indications, quoique fausses, continuent à être généralement suivies, faute de guides meilleurs, par les écrivains qui veulent traduire en francs une somme exprimée en livres tournois.

I. LE POUVOIR DE L'ARGENT

Il faut d'ailleurs ajouter, à la décharge de Leber, que, son ouvrage datant d'un demi-siècle, le mouvement continuel dans lequel sont forcément les prix (aujourd'hui plus encore qu'autrefois) a dérangé, depuis cinquante ans, quelques rapports qui ont pu être justes en 1840. On doit aussi lui savoir gré d'avoir, avec les faibles ressources dont disposait alors cette branche d'érudition, — ses chiffres, pour les denrées, sont presque exclusivement tirés de l'Essai sur les monnaies de Dupré de Saint-Maur, — ouvert une voie qui peut seule conduire à la vérité. Ce mérite n'est pas mince, et l'erreur que combattait mon honorable devancier avait de dures racines.

Parallèlement aux recherches de Leber, pour la France, paraissaient au-delà des Alpes les travaux de Cibrario. Ce dernier, après avoir donné la valeur du froment au moyen âge, dans l'Italie du Nord, exprimée en monnaies piémontaises, dauphinoises, suisses ou autres, converties par lui, selon leur poids et leur titre, en francs de quatre grammes et demi d'argent fin, croit bien faire, pour nous donner le *pouvoir d'achat* de ces quatre grammes et demi d'argent fin, au XIVe siècle, comparé à leur pouvoir actuel, *de les augmenter de toute la différence* qu'il vient de constater entre les prix du froment à cette époque et à la nôtre. De ce que l'hectolitre de blé valait par exemple 8 francs en 1350, tandis qu'il valait 16 francs en 1839, Cibrario en conclut que le franc jouissait alors d'un pouvoir double de celui qu'il a aujourd'hui, que 1 franc de 1350 égale 2 francs de 1839 ; et c'est en cette monnaie idéale, *en ces francs imaginaires*, ainsi déduits des prix comparés du froment, *qu'il évalue toutes les autres marchandises*.

Par suite de ce procédé, plus le blé est bon marché dans la période dont il s'occupe, plus le coefficient décennal qu'il trouve pour le pouvoir de l'argent est élevé ; et, lorsqu'il applique ce coefficient au prix d'un bœuf, qu'il multiplie, non plus par deux, mais par trois ou par quatre, il en arrive à ce résultat bizarre que ce bœuf paraît d'autant plus cher, que le froment, à la même époque, coûtait moins. Le prix de toutes choses semble, avec ce système, monter ou descendre *en raison inverse* du prix du froment ; tandis que le contraire serait plus près de la vérité. Ce que Cibrario prend ainsi pour le pouvoir de l'argent n'est réellement que le *pouvoir du blé*, c'est-à-dire le rapport de ce grain avec les autres objets. Le célèbre économiste italien s'imagine que ce pouvoir étroit et spécial du blé est la même chose que la puissance générale des métaux précieux sur l'ensemble des marchandises, ce qui est absolument faux.

Par exemple, d'après mes évaluations personnelles, le blé vaut à peine aujourd'hui plus du double de ce qu'il coûtait en France, dans la période 1351-1375 (9 francs l'hectolitre). Mais le lard vaut maintenant quatre fois et la viande de bœuf six fois plus. En revanche, le poisson se vendait alors moitié plus cher. Le salaire des manœuvres s'élevait à 90 centimes par jour, c'est-à-dire à plus du tiers de ce qu'il est en 1892, où on l'estime communément à 2 fr. 50 ; mais le revenu de la terre était six fois moindre, et sa valeur dix-neuf fois plus basse qu'aujourd'hui. Durant ces mêmes vingt-cinq années, le kilogramme de chandelle se vendait le double de ce qu'il se vend chez nos épiciers actuels ; mais le cent de fagots valait neuf fois moins que de nos jours. On voit dans quelle mesure très diverse les anciens prix différaient des nôtres, et combien peu ils se proportionnaient au prix du blé.

Quant à Cibrario, ses calculs vicieux le conduisent dans son livre, justement estimable à d'autres égards, de l'*Economie politique au moyen âge*, à des affirmations extraordinaires : « On peut, dit-il, conclure qu'en général il n'existe pas une grande différence entre le prix des choses aux XIIIe et XIVe siècles et le prix actuel… L'augmentation incontestable de la richesse publique s'est équilibrée avec l'augmentation, qui en est la conséquence, de la population parmi laquelle cette richesse publique est répartie. *La population s'équilibre elle-même constamment avec la quantité des subsistances.* Et je pense que les recherches ultérieures, qui pourraient être faites sur une plus grande échelle, pour d'autres siècles, ne conduiraient pas à des résultats beaucoup différents. » Les phénomènes contemporains ont déjà donné à ces lignes d'éclatants démentis. De l'étude de ces phénomènes, M. Paul Leroy-Beaulieu, dans sa Répartition des richesses, a tiré de lumineux enseignements, que le témoignage du passé, loin de les ébranler, vient ici fortifier encore.

Le prix du blé a servi de base, dans ces dernières années, à des calculs plus inexacts, s'il est possible, que ceux de Cibrario. Dans un volume, fertile en détails excellons, sur la commune de Brétigny (Seine-et-Oise), M. Bertrandy-Lacabane prétend déterminer le pouvoir de l'argent par la différence, non pas même *décennale* comme Cibrario, mais *annuelle*, entre le prix de l'hectolitre de froment exprimé en livres tournois, durant les derniers siècles, et le prix qu'il vaut de nos jours et qu'il fixe à 20 francs. Il obtient ainsi un pouvoir de l'argent *annuel*, basé exclusivement sur le cours du blé et sur ce cours dans une seule commune rurale. En évaluant ainsi en blé le salaire d'un domestique, on constate qu'il était payé très bon marché dans les années où le blé était cher, et très cher dans les années où le blé était bon marché. Poussée à ce degré d'asservissement du pouvoir de l'argent aux caprices d'une céréale, l'évaluation de M. Bertrandy-Lacabane viole, par son exagération même, les simples lois du bon sens.

Mais tous les autres calculs, — et il en a été fait grand nombre, — reposant uniquement sur le blé, ne sont pas, quoique d'aspect moins surprenant, plus dignes de foi que celui-ci. Le pouvoir *particulier* de l'argent sur le blé n'est pas le même que le pouvoir particulier de l'argent sur telle ou telle autre marchandise, ni que le *pouvoir général* de l'argent sur l'ensemble des marchandises. Ce *pouvoir général* n'est autre chose qu'une moyenne de tous les pouvoirs particuliers ; chacun d'eux n'étant admis, bien entendu, à influer sur la moyenne qu'à raison de son importance, que dans la proportion même de son rôle dans l'existence du commun des hommes. Il est clair, comme on le faisait remarquer dans une étude sur le changement des prix depuis une douzaine d'années, qu'une baisse de moitié sur l'indigo ne compense pas une hausse d'un dixième sur le charbon de terre.

C'est la différence entre le pouvoir particulier de l'argent sur une certaine marchandise, et son pouvoir général sur l'ensemble des choses nécessaires, utiles ou simplement agréables à l'humanité, qui constitue ce qu'on appelle la hausse ou la baisse de chaque nature d'objets. Si, par exemple, le *pouvoir général* de l'argent a baissé de trois à un, depuis le règne d'Henri II et le commencement de celui de Charles IX (1551-1575) jusqu'à nos jours, tandis que son pouvoir sur le blé n'a baissé que d'un et demi à un, on peut dire que le blé a diminué de moitié, puisqu'il n'augmentait que de 50 pour 100 tandis que le prix de la vie triplait.

Cette expression même : « prix de la vie » n'est pas complètement exacte ; elle rend mal l'idée, beaucoup plus vaste, qui s'attache à ce mot : « pouvoir général de l'argent. » Elle tend à particulariser cette idée, à limiter un champ d'études qui doit embrasser le rapport entre les métaux précieux d'une part, et de l'autre la totalité des valeurs, à l'examen de certaines catégories de valeurs, celles par exemple des objets d'alimentation, d'habillement, d'ameublement, etc. De même que, si l'on a mis plusieurs liquides dans une cuve, pour en opérer la fusion intime, chaque portion de la mixture, si petite soit-elle, chaque goutte doit posséder, à dose égale, les mêmes éléments que l'ensemble du mélange ; ainsi, pour comparer deux kilogrammes d'argent que nous prenons à même la circulation monétaire, l'un en 1500, l'autre en 1892, et dont nous voulons savoir la puissance d'achat, il nous faut connaître non-seulement ce que l'un et l'autre nous donneront de pain, de viande, de culottes et de stères de bois, mais aussi ce qu'ils représentent de salaires ouvriers, d'appointements et d'honoraires libéraux, de services rétribués, de propriété acquise ou louée, de chemin parcouru, suivant les systèmes de locomotion en usage, de « valeurs » en un mot, de « marchandises » ou de « richesses, » selon le terme générique que l'on préférera employer, pour désigner l'universalité des choses susceptibles d'être échangées et d'avoir un prix.

Car ces deux kilogrammes d'argent, que nous tenons en main, correspondent à toutes ces choses, à toutes ces recettes, à toutes ces dépenses ; et pour savoir ce qu'ils valent par rapport l'un à l'autre, nous ne pouvons négliger aucune des marchandises qu'ils sont susceptibles de procurer, dans une mesure plus ou moins forte. Maintenant, dans quelle mesure ces marchandises si diverses : denrées, terre, travail, influent-elles sur le pouvoir de mes kilogrammes d'argent ? Évidemment, dans la mesure où elles existent elles-mêmes sur le marché du monde, sur le marché français tout au moins. Mes deux lingots monnayés d'un kilogramme, qui renferment un peu de blé, un peu de salaires, un peu de terres, et un peu d'intérêt d'argent aussi, si on loue ces lingots au lieu de les vendre, qui renferment un peu de tout enfin, puisqu'ils procurent tout, doivent à coup sûr contenir proportionnellement autant de grammes de métal, ou mieux autant de francs, de chaque marchandise, qu'il existe de milliers, de millions, ou de milliards de francs de chacune de ces marchandises sur le sol de notre pays.

Et combien en existe-t-il ? Voilà qui n'est pas aisé à savoir. Constatons tout d'abord que cette proportion des marchandises entre elles n'est pas la même, en 1500 par exemple, et en 1892. Elle n'est la même presque à aucune époque de l'histoire, parce que toutes ces marchandises ont, dans le cours des siècles, augmenté ou diminué *en quantité*, et qu'elles ont haussé ou baissé *en prix*, par des motifs qui leur sont propres, *sans qu'il y ait*, comme on pourrait le croire, *aucune proportion entre leur changement en quantité et leur changement en prix.*

Il en est, comme la terre cultivée et le travail, qui ont augmenté à la fois en quantité et en prix, mais beaucoup plus en prix qu'en quantité ; d'autres qui ont diminué à la fois en prix et en quantité, comme certaines denrées, certaines matières premières abandonnées pour d'autres : les poissons d'eau douce, le pastel. D'autres ont été découvertes ou apportées du dehors, que l'on ne connaissait pas ou dont on ne pouvait user : la pomme de terre, les bois exotiques. D'autres ont augmenté en prix moins qu'en nombre : les chevaux, par exemple ; d'autres enfin ont augmenté en nombre et diminué en prix : tels les tissus. L'or et l'argent eux-mêmes ont augmenté en quantité, beaucoup plus qu'ils n'ont baissé de prix ; puisqu'il y a peut-être sur la surface de l'Europe quarante fois plus de métaux précieux, en 1892, qu'il n'y en avait en 1520, tandis que leur prix de vente, — autrement dit leur puissance d'achat, — n'a baissé depuis lors que de cinq à un, et que leur prix de loyer, — autrement dit le taux de l'intérêt, — n'a baissé que de trois à un, tout au plus.

Il résulte de ce qui précède que, si l'on connaissait la valeur de tous les salaires, de toute la terre, de toutes les marchandises consommées annuellement sur le territoire actuel de la France, en 1520 d'une part, et d'autre part en 1892, comme on sait, semaine par semaine, la quantité de tonnes de sucre produites et absorbées dans le monde entier, on s'apercevrait que la proportion de toutes ces richesses, les unes vis-à-vis des autres, est fort peu semblable aux deux dates ; et que par conséquent chacune d'elles représenterait une parcelle très différente d'une somme d'argent qui s'applique indifféremment à toutes. Par suite, le pouvoir de l'argent, dans sa hausse ou sa baisse sur chacune, les a affectées beaucoup plus ou beaucoup moins, selon qu'il en existe plus ou moins autrefois et aujourd'hui.

Ce gigantesque inventaire des valeurs ne peut être tenté sérieusement, dans l'état de la science, — pourra-t-il l'être jamais ?

Georges d'Avenel

— pour aucun des siècles qui ont précédé le nôtre. Pour notre siècle, même avec les renseignements dont on dispose sur l'agriculture, le commerce, l'industrie, il ne peut l'être *mathématiquement*. La plupart des valeurs rentrant les unes dans les autres, on se trouverait additionner plusieurs fois, sous des formes multiples, la marchandise la plus simple. Une paire de bas de laine figurerait, comme « bas, » parmi les objets d'habillement, comme laine brute à l'article « matières premières, » et à l'article « moutons sur pied. » Implicitement ces bas figureraient à l'article « salaires, » puisqu'ils ont exigé une certaine quantité de main-d'œuvre, depuis le berger qui faisait paître les moutons jusqu'au marchand en détail qui vend, sous forme de bas, la laine de ces moutons, lavée, filée, teinte et façonnée suivant sa destination définitive. Les bénéfices professionnels de tous les intermédiaires, fabricants ou négociants, sont aussi compris dans la valeur de cette paire de bas ; et aussi leurs frais généraux : commis, loyer, etc. Et dans leur loyer entre, pour une part, le prix des matériaux de construction de leur maison, et celui de la terre sur laquelle cette maison est assise. Le revenu de la terre entre, pour une autre part, dans le prix du bas de laine, puisque c'est la terre qui a nourri le mouton ; et ainsi de suite, à l'infini…

J'ai cru plus sage et plus pratique, pour calculer le pouvoir général de l'argent, de le rechercher par un procédé rationnel, dont je dois au lecteur l'exposé sommaire : il est possible, lorsqu'on possède un assez grand nombre de chiffres, de comparer le prix de la vie actuelle avec le prix de la vie d'une époque déterminée. Ce calcul repose sur des bases absolument positives pour la masse populaire, dont la consommation est bornée à un petit nombre d'objets de première nécessité. Il repose encore sur des données solides, lorsqu'on s'élève aux classes aisées ou riches, parce qu'on introduit dans leurs dépenses une part de plus en plus grande d'objets de simple agrément, ou de luxe. Dans tous ces cas on prend pour point de départ, à deux dates diverses, un chiffre fixe qui représente les recettes, et additionnant la somme de besoins ou de jouissances auxquels ce chiffre correspond, on conclut, s'il en représente deux, trois ou quatre fois plus, que le prix de la vie était deux, trois ou quatre fois moins élevé à une époque qu'à l'autre.

On trouve ainsi pour la classe riche, pour la classe moyenne, pour la classe- ouvrière, trois pouvoirs de l'argent, spéciaux et différents, dont chacun a dû être recherché à part, et qui servent de types. On sait approximativement par les statistiques officielles, surtout depuis les travaux récents qui ont été faits à ce sujet,[1] comment la richesse est répartie dans la France de 1892. On peut diviser les revenus en trois catégories : ceux qui sont inférieurs à 2,400 francs *par famille ou par individu isolé*, et qui forment environ 60 pour 100 de la masse totale ; 30 pour 100 de cette masse sont ensuite représentés par les revenus de 2,400 à 7,500 francs. Enfin 10 pour 100 seulement des recettes françaises privées se composent de revenus supérieurs à 7,500 francs.

Les individus se trouvent de leur côté répartis, au point de vue pécuniaire, en trois fractions : la première, presque exclusivement recrutée parmi les cultivateurs et les artisans, qui possède 60 pour 100 *de la richesse* nationale, tonne à peu près 80 pour 100 *de la population*. La seconde, à qui échoient 30 pour 100 environ du total des revenus, correspond à 18 pour 100 de la population ; la troisième, qui prélève 10 pour 100 dans la fortune générale, ne comprend que 2 pour 100 de la population, une famille ou un individu sur 50. Les 2 pour 100 des familles ou des individus isolés, — soit à peu près 200,000 feux, en comptant quatre personnes par feu, — ayant en France plus de 7,500 francs à dépenser par an, peuvent être divisés en 40,000 propriétaires fonciers, 40,000 propriétaires de valeurs mobilières, et 120,000 personnes qui obtiennent ce revenu par les bénéfices du commerce et de l'industrie, les professions libérales et le service de l'État ou des grandes administrations, en y joignant des biens personnels, de nature et d'importance variable.

S'il s'agissait de mesurer le degré d'aisance ou de fortune des Français contemporains, par rapport aux Français d'il y a cent, deux cents, cinq cents ans, on devrait multiplier les subdivisions dans le sein de chacune de ces trois catégories. Il est naturellement une foule d'espèces particulières dans chaque classe, selon que leurs membres sont célibataires ou mariés, selon que les familles sont plus ou moins nombreuses, et, dans la classe ouvrière, selon que les membres de la famille sont plus ou moins en état de travailler. Ici nous ne prétendons obtenir que des moyennes, donnant un degré suffisant d'exactitude.

---

[1] Voyez l'*Essai sur la répartition des richesses*, par M. Paul Leroy-Beaulieu.

Georges d'Avenel

Les *pouvoirs particuliers* de l'argent, qui s'appliquent à chacune de ces classes, et qui formeront ensemble le pouvoir général ou commun des métaux précieux, dans la proportion de 60, 30 et 10 pour 100, ne seront eux-mêmes que les moyennes de la puissance d'achat des sommes qui composent le budget de chaque catégorie. Ce budget se divise en deux parts, les recettes et les dépenses, que l'on peut supposer égales, bien qu'il y ait entre elles un écart représenté par l'épargne. Les salaires ouvriers, les gages des domestiques, le prix de loyer d'à peu près la moitié du sol cultivé, — cette moitié que possèdent aujourd'hui, et qu'ont aussi possédée autrefois nos millions de petits propriétaires, — les appointements des petits emplois, telles sont les sources fort simples des recettes de la masse populaire. Ses dépenses ne sont pas moins rudimentaires : nourriture, logement, vêtement, éclairage et chauffage. Les dépenses de première nécessité s'amplifient dans la classe moyenne, et se compliquent d'un certain nombre d'autres frais, auxquels l'aisance relative de 2,400 à 7,500 francs permet de faire face. L'origine des recettes consiste alors soit dans la rente de la terre, dont cette classe possède aujourd'hui les trente-cinq centièmes environ, soit dans les honoraires des professions libérales, dans la rémunération attachée aux diverses fonctions publiques ou privées, et dans le revenu des valeurs mobilières, que les fluctuations du taux de l'intérêt permettent d'apprécier.

Enfin, dans la classe riche, qui commence aux rentiers simplement aisés de 7,500 francs, pour s'élever jusqu'aux archimillionnaires du XIXe siècle, successeurs de ces *mihoudiers* du XVIe, ainsi nommés parce qu'ils pouvaient dépenser mille sous ou cinquante livres par jour, les éléments des recettes sont les mêmes que dans la tranche sociale précédente, mais doublés, décuplés, centuplés ; et parmi les dépenses, où les objets de première nécessité ne tiennent qu'une place amoindrie, figurent les denrées recherchées, les meubles et vêtements de luxe, chevaux, voitures, chasses, bijoux, tableaux, voyages, et ce que comporte un train de maison. Tout cela n'est d'ailleurs l'apanage que d'un très petit nombre de privilégiés, un sur quinze ou vingt peut-être, parmi ces détenteurs de plus de 7,500 francs de rente, qui ne représentent eux-mêmes qu'un cinquantième de la nation.

I. LE POUVOIR DE L'ARGENT

III

Que ce procédé soit sujet à critiques, qu'il y ait place à quelque arbitraire dans le *quantum* que l'on attribue aux recettes et aux dépenses de diverse nature de chacun de ces budgets, je n'en disconviens pas : par exemple, des marchandises d'autrefois ont cessé d'être en usage ; eût-on 500,000 francs de rente, on ne s'habille plus aujourd'hui, pour aller dans le monde, avec ces étoffes d'or ou d'argent si estimées de nos pères. Il y a des marchandises nouvelles : le café, le tabac. Il en est, parmi les anciennes, qui ont passé de la catégorie superflue à la catégorie nécessaire, comme le sucre ; ou de la catégorie nécessaire à la catégorie superflue : quand les garçons meuniers de Basse-Bretagne stipulaient jadis, dans leur contrat de louage, « qu'ils ne mangeraient pas de saumon plus de trois fois par semaine, » ce poisson n'était pas, en ces contrées du moins, un aliment fort coûteux. Force est bien pourtant de classer chaque marchandise dans la catégorie à laquelle elle appartient de nos jours.

Tel qu'il est, ce mode de recherche du pouvoir de l'argent a, sur tous ceux que l'on a employés jusqu'à ce jour, l'avantage de comprendre presque *toutes les valeurs* et de leur attribuer une importance *proportionnée à leur nombre et à leur prix*.

Une erreur assez accréditée, dont il est bon de faire justice, c'est l'axiome de la décroissance prétendue « fatale » du pouvoir de l'argent. Cette décroissance est si peu fatale qu'elle a subi, dans l'antiquité, autant qu'on en peut juger par les quelques chiffres qui sont parvenus jusqu'à nous, de longs temps d'arrêt et de brusques retours en arrière. Elle en a subi dans notre XIXe siècle, la plupart des économistes l'ont remarqué. Le pouvoir de l'argent ou, si l'on veut, le coût de la vie, n'est pas le même à l'heure actuelle dans les diverses parties du globe. Les premiers voyageurs qui pénétrèrent au Thibet, il y a une quarantaine d'années, furent surpris du taux exorbitant auquel s'y maintenaient les denrées les plus vulgaires, taux qui tenait à la fois à la pauvreté du pays en produits manufacturés et agricoles et à une richesse en métaux précieux qui dépassait, non pas peut-être comme le dit le P. Huc : « tout ce qu'on peut imaginer, » mais très certainement les besoins restreints d'une population pastorale et clairsemée.

Au temps de Socrate, cinq siècles avant notre ère, l'hectolitre de blé ne coûtait pas moins cher qu'au temps de Philippe-Auguste, c'est-à-dire environ 4 francs, et un mouton valait le même prix sous Solon que sous Charles VIII, c'est-à-dire à peu près 1 franc. La vie était très certainement meilleur marché au IIe siècle après Jésus-Christ, dans la Gaule cisalpine, où la nourriture d'un homme ne revenait, si l'on en croit Polybe, qu'à 0 fr. 02 par jour, qu'elle ne l'était en Egypte deux cent cinquante ans auparavant. La Rome impériale payait son vin ordinaire plus cher qu'il ne valait, il y a quinze ans, dans le département de l'Hérault, avant les ravages du phylloxéra. Il ne paraît pas que le pouvoir de l'argent fût plus bas, dans son ensemble, à l'avènement de saint Louis, qu'il l'était à l'avènement de l'empereur Auguste ; et la terre se louait bien plus cher en Italie, sous les Césars, — près de 100 francs l'hectare, dit M. Fustel de Coulanges, — qu'en France sous les Valois.

Pour m'en tenir aux six siècles qui ont fait l'objet de mes travaux personnels, le pouvoir de l'argent n'a nullement suivi la marche constamment descendante que Leber, et après lui la plupart des écrivains ont admise. Quatre fois et demie plus fort que de nos jours, dans le premier quart du XIIIe siècle (1201-1225), il diminue graduellement à quatre jusqu'à Philippe le Bel, puis à trois et demi sous les derniers Capétiens, et en 1351-1375 à trois fois seulement ce qu'il est aujourd'hui. La vie était chère en France sous Charles le Sage, et les contemporains s'en inquiétaient. Un mémoire de 1367 s'occupe de l'abaissement de la valeur de l'argent et de l'élévation du prix des denrées. Cette hausse s'arrête subitement avant le début du XVe siècle, et l'affaissement des prix commence vers 1390, plus ou moins rapide selon les provinces et selon la nature des marchandises, pour aller toujours s'accentuant jusque vers 1475, où il atteint son maximum. Ce fut là l'époque du plus grand pouvoir commercial des métaux précieux. Avec 1 fr., on obtenait, de 1451 à 1500, deux fois plus de marchandises qu'on ne s'en fût procuré, avec la même somme, cent ans auparavant. Le pouvoir de l'argent avait monté, autrement dit, la vie avait baissé du tiers au quart de ce qu'elle coûte aujourd'hui, de 1375 à 1400 ; elle était devenue, en 1401-1450, quatre lois et demie, et en 1451-1500 six fois moins chère qu'à l'heure actuelle.

I. LE POUVOIR DE L'ARGENT

Jamais, depuis 1200, l'or et l'argent n'avaient été si recherchés, jamais les marchandises n'avaient été à si vil prix ; on était alors presque aussi riche avec 0 fr. 50 par jour qu'on l'est maintenant avec 3 francs. Le journalier l'était même davantage, puisque son salaire quotidien n'était descendu que de 0 fr. 90 à 0 fr. 60, tandis que l'hectolitre de froment tombait de 9 francs à 3 fr. 25 de 1375 à 1475. Cet état de choses dura peu ; dès le commencement du règne de Louis XII, en 1500, la hausse recommence sous l'influence de causes intérieures ; à partir de 1525, on s'aperçoit de la découverte de l'Amérique. Naturellement, l'Espagne et les possessions espagnoles en sont les premières affectées : les fonctionnaires des Pays-Bas reçoivent, dès 1527, des suppléments de traitements « à cause de la cherté des vivres qui est à présent ; » les Francs-Comtois déplorent, en 1546, cette cherté « qui règne partout et principalement dans le comté de Bourgogne. »

Quand on lit les lettres de Pizarre et de ses compagnons au Pérou (1533), on voit que l'Europe fit un rêve des mille et une nuits. Ces explorateurs, de l'autre côté de l'Atlantique, disant « qu'on leur offre tant d'or qu'ils en seraient saouls, » ont l'ivresse, la folie, le détraquement du métal vénéré. Ce fut la grande révolution économique des temps modernes, comme la disparition du servage avait été, trois siècles auparavant, celle des temps féodaux, comme l'usage de la vapeur et de l'électricité sont celle de l'époque contemporaine. La première avait transformé la terre et le travail ; la seconde transforme le numéraire, la marchandise-type, signe des échanges ; quant à la troisième, on ne sait encore ce qu'elle ne transformera pas.

De 1492 à 1544, on avait importé d'Amérique 279 millions de métaux précieux, c'est-à-dire une quantité égale à celle que toutes les mines, alors exploitées en Europe, qui rendaient en moyenne, d'après les estimations les plus favorables, 5 à 6 millions par an, avaient pu produire ensemble pendant la même période. Le rendement annuel était ainsi doublé. Dans la seule année 1545, les importations s'élevèrent subitement à 492 millions. La fameuse mine du Potosi commençait à être exploitée ; douze ans après, on inventait le procédé de l'amalgamation à froid, qui réduisait sensiblement les frais d'affinage du minerai, et, en 1559, la paix de Cateau-Cambrésis, rétablissant les relations entre l'Espagne et la

France, ouvrait un libre accès à l'inondation métallique dont notre pays se ressentait déjà si fortement.

Le pouvoir de l'argent, après avoir baissé d'un quart de 1520 à 1540, baissa encore de moitié jusqu'au début du XVIIe siècle. Cette hausse des marchandises, qui avaient par suite triplé en soixante-quinze ans, était, vers la fin du XVIe siècle, le sujet des préoccupations de ceux qu'on appellerait aujourd'hui les économistes. Chacun en donnait une explication plus ou moins plausible, édifiait sa théorie particulière sur des raisonnements plus ou moins sensés. Si l'on ne voyait pas de nos jours des hommes d'État recommandables partager, assez naïvement parfois, les aberrations économiques de la foule, on aurait peine à se figurer comment, au temps d'Henri III, des financiers et des penseurs de mérite ont cherché si loin la cause d'un phénomène qui leur crevait les yeux. Bodin est le seul qui ait attribué la crise à l'abondance nouvelle et inouïe des métaux précieux ; mais Garrault, général des monnaies, soutint qu'elle venait de « la pénurie et nécessité de l'argent, engendrée par la guerre civile ; » et Malestroit, maître des comptes, affirmait qu'on était dupe d'un trompe-l'œil, que rien n'avait haussé depuis trois cents ans, autrement dit que la hausse n'était qu'apparente et venait de la dépréciation de la monnaie. Entre ces diverses opinions le public d'alors demeurait perplexe. Or cette dépréciation de la livre tournois n'a pas été plus sensible de 1500 à 1600, qu'elle ne l'avait été de 1400 à 1500, ou de 1300 à 1400 ; et nous pouvons constater combien Malestroit se trompait quand nous voyons le kilogramme d'or ou d'argent de 1595 ne valoir plus en terres, en salaires, en blé, en viande, en étoffes, que les deux tiers, la moitié, le quart ou le cinquième, selon les objets, et, en moyenne, que le tiers de ce que valait le kilogramme de 1495.

Cependant la masse d'or ou d'argent, épandue sur la surface de l'Europe en 1595, était de beaucoup supérieure au triple de celle qui existait cent ans auparavant ; elle était peut-être cinq ou six fois plus grande. En admettant, avec M. Michel Chevalier, que le stock de métaux précieux du monde civilisé fût de 1 milliard de francs, dans le premier quart du XVIe siècle, il n'est pas exagéré de le chiffrer à 5 ou 6 milliards dans les premières années du XVIIe. Comment donc l'augmentation des métaux disponibles n'a-t-elle fait baisser leur puissance d'achat que dans une proportion très inférieure à cette augmentation ? Nous touchons ici au point le plus obscur, le plus difficile à pénétrer, mais aussi le plus intéressant de l'histoire des variations du pouvoir de l'argent : je veux dire les causes de ces variations et leurs conséquences, leurs rapports avec la prospérité publique.

Les marchandises augmentent de prix pour deux motifs : ou parce qu'elles deviennent plus rares, ou parce que l'argent devient plus abondant. De même, les marchandises diminuent de prix, ou parce qu'elles deviennent plus abondantes, ou parce que l'argent devient plus rare. Certes, quand une seule marchandise (terre, travail, matériaux, tissus) augmente ou diminue de prix par rapport aux autres, c'est évidemment une cause spéciale à cette marchandise qui agit, ce n'est pas l'augmentation ou la diminution de l'argent qui produit le fait. Mais quand il voit l'ensemble des marchandises augmenter ou baisser de prix, l'historien peut demeurer indécis.

Il y a des moments en effet où les métaux précieux deviennent plus abondants, comme au XVIe siècle, et où l'augmentation des prix est fictive ; cependant l'ancien rapport entre l'argent et les marchandises ne s'est pas déplacé de toute l'augmentation du métal ; ce qui laisse supposer que la demande d'argent a été plus forte que précédemment, soit par l'accroissement de la population, soit par une plus grande activité du commerce, dont les transactions devenaient plus nombreuses et plus importantes, soit par l'extension des contrées nouvellement policées. Une semblable diminution du pouvoir de l'argent peut coïncider avec une période de bien-être. Un autre cas de diminution du pouvoir de l'argent, de hausse des prix, c'est celui des époques de guerre, de bouleversements, où toutes choses deviennent moins abondantes (la terre et les produits de la terre, parce qu'ils sont moins aisés à exploiter, le travail, parce que la population diminue), et où ces marchandises coûtent plus cher, parce que l'argent *cesse encore moins de circuler* que les marchandises *ne cessent d'être produites*. Il peut arriver aussi que les marchandises et l'argent restent, les unes vis-à-vis de l'autre, dans un rapport stationnaire, que les prix dans leur ensemble varient peu, et que tantôt cet état cache une crise, si les marchandises et le métal précieux diminuent tous deux à peu près également, tantôt qu'il corresponde à une ère de progrès s'ils augmentent tous deux dans une proportion à peu près semblable.

Georges d'Avenel

On ne peut donc rien conclure, relativement à la prospérité publique, ni de la diminution du pouvoir de l'argent, ni de l'immobilité de ce pouvoir ; .puisqu'il se trouve diminuer ou demeurer immobile, aussi bien dans des moments de crise que dans des moments de progrès. On ne peut conclure davantage de l'augmentation du pouvoir de l'argent, puisqu'elle peut provenir de la très grande abondance des marchandises, aussi bien que de la très grande rareté du métal et que, dans la première hypothèse, elle est un indice de prospérité, et dans la seconde un indice de malaise.

Si l'augmentation ou la diminution du pouvoir de l'argent ne prouve rien, à première vue, dans l'histoire économique, elle révélerait d'une façon infaillible l'état matériel d'un pays, lorsqu'on en découvrirait les motifs : ainsi l'augmentation du pouvoir de l'argent indique un état de gêne lorsqu'elle tient à une moindre abondance de métal ; parce que le métal ne diminue pas effectivement, mais il rentre dans les poches, dans les coffres ou dans les bas. Et cette disparition factice de l'or et de l'argent, qui en cause le renchérissement, n'est autre que le resserrement du crédit. Quant à la diminution du pouvoir de l'argent, elle est signe de crise si elle provient de la rareté des marchandises, et elle ne signifie rien si elle provient de l'abondance des métaux précieux.

IV

En voyant les prix insensés qu'atteignent les marchandises à la fin du XVIe siècle, on est assez étonné de ne pas trouver grandes plaintes à ce sujet dans les chroniques, journaux de famille, livres de raison, où la classe bourgeoise consigne volontiers, à huis-clos, ses impressions de toutes sortes. La misère, qui est grande pourtant sous la Ligue, n'atteint donc pas cette classe-là. C'est plutôt la classe ouvrière qui souffre alors, la classe des vendeurs de travail, aux champs et à la ville, parce que le prix du travail était bien loin d'avoir haussé dans la même mesure que les autres prix. Depuis 1500, la journée du manœuvre avait augmenté de 30 pour 100, et les céréales de 400 pour 100. A l'avènement de Louis XII, le blé se payait 4 francs l'hectolitre, et l'ouvrier agricole gagnait 60 centimes par jour ; à l'avènement d'Henri IV (1590), le blé se vendait 20 francs l'hectolitre, et le salaire du même ouvrier agricole n'était que de 78 centimes par jour. Cela tenait-il à la multiplication excessive de la population ? Le ventre des femmes d'Europe était-il plus fécond que le sein de la terre d'Europe ? La seconde produisait-elle moins de blé que les premières ne procréaient d'enfants ? Sans doute ; et cependant le trop-plein d'habitants mourait de faim devant les monceaux de blé et de denrées innombrables, qui ne demandaient qu'à sortir de la terre vierge ; car la moitié au moins de ce vieux continent était inculte. Ce changement de rapport de la valeur des marchandises, entre elles, a eu des conséquences sociales incalculables.

Étudions seulement ici les rapports de l'argent avec l'ensemble des marchandises, et avouons que, si le mouvement ascensionnel des prix au XVIe siècle, souvent raconté, nous est bien connu, si nous suivons aisément de, 1500 à 1600 les effets prodigieux de chacun de ces arrivages de lingots sur le marché monétaire de l'ancien monde, comme dans une bataille un spectateur découvre, d'un poste d'observation élevé, la trajectoire des obus, et calcule leurs ravages probables dans les rangs où ils tomberont, les fluctuations des trois siècles précédents (de 1200 à 1520), qui n'ont pas été moins extraordinaires, nous sont beaucoup moins explicables.

Nous voyons que le pouvoir de l'argent diminue de 1200 à 1390, augmente de 1390 à 1460, et demeure à peu près stationnaire de 1460 à 1500, avec une légère baisse de 1500 à 1520. Mais nous n'avons aucune statistique de la production des métaux précieux, de 1200 à 1520 ; nous ne possédons de renseignements que sur l'autre terme du problème, — la production plus ou moins active des marchandises, — par l'histoire de l'agriculture, du commerce, et des événements politiques généraux qui ont influé sur l'état physique de la nation.

On sait, à n'en pouvoir douter, que le règne de saint Louis et les années qui le suivirent, jusqu'à la fin du XIIIe siècle, furent en France une époque heureuse. Un grand nombre de terres ont été défrichées en ce temps-là ; la suppression graduelle du servage créait la petite propriété, et modifiait de la manière la plus favorable l'exploitation du sol. L'organisation corporative du travail bien différente de ce qu'elle deviendra plus tard, améliorait la condition des ouvriers et poussait par suite à l'extension de la population ; bref, l'état matériel, comparé à ce qu'il avait été au siècle précédent, favorisait bien davantage l'accroissement des marchandises de toute nature. Cependant ces marchandises, qui ont dû augmenter *en quantité*, augmentent aussi *de prix* ; le pouvoir de l'argent baisse. Il faut donc admettre que la production des métaux précieux a dû croître plus encore que la production des marchandises. Le fait, bien que nous n'en ayons aucune preuve positive, paraît certain.

Cet état de choses ne se modifia pas durant les trois premiers quarts du XIVe siècle, ou, pour mieux dire, il s'accentua. Et pourtant ce XIVe siècle fut, politiquement, aussi fou que son prédécesseur avait été sage. Le gouvernement des princes eut beau être mauvais, il ne parvint pas à contre-balancer les conditions économiques de la circulation, de la répartition des richesses. Les tripotages monétaires de Philippe le Bel (1306) n'eurent pas d'influence appréciable sur la fortune publique, ni sur le prix des choses ; la réaction féodale, que l'histoire nous dit avoir eu lieu sous ses fils (1328), n'eut aucun contre-coup dans les masses populaires. Ce fut une querelle de grands, dont les petits ne se ressentirent pas. Il en sera de même plus tard, en Angleterre, durant la guerre des Deux-Roses. Bien mieux, pendant que Philippe VI et Jean le Bon essuyaient les terribles défaites de Crécy et de Poitiers (1346-1356), que le dernier mourait prisonnier à Londres, le trésor royal étant à sec, la révolution dans Paris, la jacquerie dans les campagnes, les Anglais maîtres de la moitié de la France, et les « grandes compagnies » de brigands, semi-Cartouches et semi-chevaliers, se gobergeant dans l'autre moitié, le loyer des maisons, le prix de toutes les denrées, de tous les services, tous les prix en un mot, sauf ceux des terres qui baissaient de 50 pour 100, s'élevaient sans interruption.

Doit-on croire que la force d'impulsion, l'élan donné au XIIIe siècle, suffisait pour maintenir cette prospérité matérielle ? que la France a vécu de 1320 à 1390 sur les réserves qu'elle avait faites de 1250 à 1320 ? La chose serait possible, pour quelques années du moins. Nous en voyons des exemples dans les temps modernes. Même dans l'époque contemporaine, la gêne ne se manifeste pas le jour où naissent les causes qui vont la provoquer, ni l'aisance ne commence jamais à renaître aussitôt que la marche en avant

I. LE POUVOIR DE L'ARGENT

redevient possible. Mais, pour une durée de plus d'un demi-siècle, on ne peut admettre cette hypothèse. L'histoire aurait-elle exagéré ? Ferait-elle dater à tort du milieu du XIVe siècle l'ère désastreuse qui ne devrait commencer qu'avec le XVe ? Je ne le crois pas. La machine féodale, qui avait été fortement montée aux âges antérieurs, continua-t-elle de fonctionner par ses petits rouages, alors que les grands ressorts étaient arrêtés ? Le morcellement de la domination et de l'administration amortissait-il, dans l'intérieur de chaque fief, le choc des coups que donnait ou recevait le suzerain du royaume ? Si M. Carnot était obligé d'aller tous les ans à Constantinople prêter foi et hommage au sultan, pour la République française, cela n'empêcherait pas les fermiers de payer leurs propriétaires comme devant. Quand les Anglais dominaient en Guyenne et en Normandie, l'économie intérieure des paroisses gasconnes ou normandes n'était pas modifiée pour cela.

Tout en admettant que l'état politique demeurât distinct de l'état matériel, il faut bien reconnaître que l'avilissement progressif de l'argent, le renchérissement de la vie dût avoir ses causes spéciales, les mêmes peut-être qu'au siècle précédent, dont nous apercevons quelques-unes, dont d'autres nous échappent.

Elles cessèrent assez brusquement d'agir, non-seulement en France, mais dans les pays voisins, en Angleterre, en Italie, en Allemagne, vers 1390, précisément après le règne de Charles le Sage, qui fut pour nous, au milieu de la guerre de cent ans, une oasis réparatrice. Dès lors, le pouvoir de l'argent augmente, la vie diminue de prix, les terres continuent de baisser d'une façon effrayante ; les salaires seuls résistent à cet effondrement, peut-être parce que la population décroît plus encore que la quantité de métaux précieux. Et ce mouvement ne subira presque aucun temps d'arrêt jusqu'en 1500. Il se poursuivra, aussi bien pendant la démence de Charles VI que durant le relèvement du royaume avec Charles VII, et il atteindra son apogée sous Louis XI et Charles VIII, dans les années les plus prospères que la nation ait jamais connues avant notre siècle.

A quoi donc attribuer cette hausse de l'argent *sur les marchandises*, indépendante de tout événement politique, indépendante du pouvoir de l'argent *sur lui-même*, dont le crédit, partant l'étaux de l'intérêt, est le *criterium* ? (Le taux de l'intérêt est plus bas sous

Louis XII que sous Charles le Sage ; l'argent procure plus de marchandises, mais il procure moins d'argent.) A quoi l'attribuer, sinon au changement, d'une date à l'autre, du rapport de la masse des métaux précieux avec la masse des marchandises ? Qui a motivé ce changement ?

Un fait singulier, mais appuyé de nombreux témoignages, c'est que la quantité d'argent et d'or consacrée aux bijoux, aux meubles, aux usages domestiques, par conséquent retirée de la circulation monétaire, est beaucoup plus grande au XVe siècle, où l'argent est cher, qu'au XIVe où l'argent est bon marché. Les particuliers et les princes du XIVe siècle avaient bien moins d'argenterie que ceux du XVe. On sait quel était en ce genre le luxe d'un Charles le Téméraire, tandis que son aïeul Jean sans Peur ne dédaignait pas, dans sa jeunesse, de se servir de plats d'étain pendant que l'on réparait sa vaisselle d'argent, assez mesquine. L'inventaire du comte d'Angoulême accuse, en 1497, pour plus de cent kilogrammes d'écuelles, bassins, aiguières, tasses et coupes d'argent. Ce chiffre paraît lui-même modeste, auprès du faste que de simples citoyens allemands déployaient alors sur leur table. « J'ai été traité à Cologne, raconte un témoin cité par Janssen, avec onze autres invités, dans de la vaisselle d'argent ; des marchands font venir pour leur ameublement personnel des objets d'or et d'argent pesant trente, quarante et jusqu'à cent livres. » (1495.)

Au XVIe siècle, de nouveau, le luxe de l'argenterie paraît diminuer pour reprendre au XVIIe ; en 1615, le parlement demandait au roi « d'interdire la vaisselle d'or, et la profanation de celle d'argent jusques aux moindres ustensiles de feu et de cuisine. » Et cependant il y a pléthore de 1525 à 1600, tandis que le pouvoir de l'argent se relève à partir du règne d'Henri IV.

Une semblable anomalie ne s'explique que d'une seule façon : c'est que l'abondance relative d'or et d'argent, pendant tout le cours du XIVe siècle, a dû introduire peu à peu dans les mœurs l'emploi de l'orfèvrerie et des bijoux ; que ce genre de luxe une fois généralisé, dans les classes aisées s'entend, a subsisté durant le XVe siècle, même après être devenu très onéreux, par cette force de l'habitude, si puissante sur chacun d'entre nous, qui fait que les ouvriers enrichis continuent souvent à se nourrir, à se vêtir, à se loger, comme avant d'être parvenus à la fortune, et que les bourgeois, même tombés dans la pauvreté, ne parviennent pas à renoncer à certaines dépenses somptuaires, qui demeurent pour eux de première nécessité. Le besoin d'ustensiles d'argent était donc devenu assez vif en 1400, au moment où il allait être de plus en plus difficile à satisfaire ; et, après avoir lutté cent ans contre la force des choses, il s'était affaibli en 1520. Lorsque la découverte de l'Amérique lui permit de reparaître, il mit cinquante ou soixante-quinze ans à reprendre, sur les classes moyennes, l'empire qu'il avait perdu.

Ce n'est pas, d'ailleurs, la mainmise de l'orfèvrerie, au XVe siècle, sur un stock plus important de métaux précieux, qui a pu déterminer la hausse de ces métaux. Quoique plus répandu que dans la période précédente, ce genre de luxe l'était encore trop peu pour influer, d'une manière aussi sensible et aussi continue, sur le pouvoir de la monnaie. Je ne crois pas que le passage de l'or et de l'argent, d'Europe dans l'extrême Orient, par le fait du commerce des soieries, des tapis, des épices et des autres produits, que nous payions alors en monnaie, non en nature, ait pu davantage en être cause ; ce commerce était en somme tout aussi actif, sinon davantage, au XIVe, siècle où l'argent perdait de sa puissance, qu'au XVe, où cette puissance ne cessait de grandir. Par la même raison on ne peut attacher d'importance à la diminution de la masse monnayée, sous l'action du *frai*, ni à son retrait du marché public par l'effet de la thésaurisation stérile de quelques chrétiens, observateurs trop scrupuleux des prohibitions ecclésiastiques sur le prêt à intérêt condamné comme usuraire. L'une et l'autre de ces causes agissaient au XIVe siècle comme au XVe et la seconde n'a jamais été bien efficace.

On n'en saurait dire autant de la perte de métaux précieux qui a dû résulter entre 1360 et 1450 de leur enfouissement, par le désir de sauver, durant cette période déplorable, une partie de sa fortune, en la mettant à l'abri des pillages. Il est vraisemblable que des individus possédant une certaine masse de monnaie l'aient cachée, et que, n'ayant révélé à personne le secret de leur cachette, ils aient souvent emporté ce secret dans la tombe. Lorsque cette cachette était en quelque endroit écarté, dans une cave ou dans les champs, l'or et l'argent ainsi entassés ont pu être perdus pour toujours. De semblables dépôts étaient-ils confiés à l'épaisseur d'une muraille, à quelque meuble compliqué, leur trouvaille, certaine tôt ou tard, n'en demeurait pas moins indéfiniment retardée.

Une autre sorte d'enfouissement, bien plus grave que le précédent, qui à coup sûr se produisit en France à la fin du XIVe siècle, de la façon la plus générale, et contribua par conséquent à augmenter le prix de l'argent en le raréfiant, c'est l'arrêt du crédit, la suspension partielle de la vie nationale, l'espèce de retour à la barbarie qui signale ce temps désastreux. Mais tout cela était circonscrit à nos frontières ; ni l'Allemagne, ni l'Angleterre, ni l'Italie, ne souffraient de semblables maux. Cependant, le pouvoir de l'argent y augmente de la même manière qu'en France, avec autant de rapidité ; et il est certain que les divers pays d'Europe qui, malgré l'activité de leurs relations contemporaines, ressentent à peine, en plein XIXe siècle, le contre-coup des crises financières sévissant chez leurs voisins, quand ces crises ont une origine purement locale, n'auraient pas au milieu du moyen âge, où leurs rapports les uns avec les autres étaient si bornés, éprouvé les effets de nos malheurs intimes.

Les mines d'or et d'argent qui alimentaient, durant les deux siècles précédents, le marché européen, et qui non-seulement suffisaient aux besoins, mais les dépassaient, ont donc, sinon tari tout à fait, du moins vu baisser de beaucoup leur rendement vers 1400, et le déficit alla s'aggravant sans cesse, puisqu'en France, lors même que l'agriculture et le commerce eurent repris confiance, que l'état matériel alla s'améliorant, depuis la fin de Charles VII jusqu'au commencement de Louis XII, le prix de la vie resta immuable dans son bon marché, et ne haussa que d'un sixième de 1500 à 1525.

Il est du reste fort possible que la prospérité de la nation ait précisément maintenu ce bas prix de la vie, de 1460 à 1500, comme la misère y avait contribué de 1390 à 1460. La misère, aussi bien que la prospérité, tendaient à déranger le rapport ancien du métal aux marchandises : la première en diminuant la quantité de métal en circulation, la seconde, en augmentant a quantité des marchandises produites. La première pesait sur *l'offre* d'argent, la seconde multipliait la *demande* d'argent, et toutes deux ont dû jouer successivement un rôle dans cette élévation du pouvoir monétaire que nous venons de voir.

I. LE POUVOIR DE L'ARGENT

V

La période moderne (1600 à 1800) offre des exemples de mouvements presque aussi variés, et peut-être moins connus encore, du pouvoir de l'argent, que les quatre siècles précédents.

Les XVIIe et XVIIIe siècles ont, sur leurs devanciers, cet avantage que la statistique de la production des métaux précieux du nouveau et de l'ancien monde, ayant été faite au moins approximativement, nous fournit des données plus sûres dans l'explication des phénomènes, pour lesquels nous étions réduits, entre 1200 et 1500, à de simples conjectures. Cependant, ces phénomènes eux-mêmes, c'est-à-dire les variations du prix de la vie, n'ont jamais, que je sache, été décrits ; et j'avoue que, partageant les préjugés du public à cet égard, je n'ai pu me défendre de quelque étonnement, lorsque les chiffres m'ont appris que l'argent avait eu un beaucoup plus grand pouvoir dans la première moitié du XVIIIe siècle, que dans la seconde moitié du XVIIe. Le fait pourtant n'est pas niable.

Le mouvement de baisse de la puissance d'achat de l'argent, au XVIe siècle, avait été excessif pour deux raisons : la première, c'est que le stock de métaux précieux existant en 1520, antérieurement à la nouvelle invasion métallique, était très faible ; la seconde, c'est que ce siècle avait été médiocrement prospère. L'agriculture et l'industrie n'avaient pu prendre un libre essor avec les guerres étrangères, avec les luttes civiles et religieuses surtout, qui décentralisèrent la ruine et retendirent dans les campagnes en tache d'huile, pendant la période de 1560 à 1600, celle où précisément l'argent affluait. Avec Henri IV, la tranquillité revenait ; avec la tranquillité, la production des marchandises augmentait, et tenait tête à la production d'argent.

Même elle la dépassait ; le prix de la vie baissa de 1600 à 1620. Il y eut aux premières années du XVIIe siècle, dans la consommation publique, un brusque saut de ressort débandé. On a vu un léger spécimen de cette force lâchée subitement, après une compression causée par des circonstances passagères, dans la fièvre industrielle des deux ou trois ans qui suivirent la guerre franco-allemande de 1870-1871. En 1600, ce fut une fièvre agricole qui s'empara de nos pères, et l'on se remit, avec une sorte de rage, à gratter et à solliciter cette terre, partiellement défigurée de main d'homme, et dont le rendement était depuis longtemps précaire. La terre cessa d'augmenter, ses produits baissèrent, les salaires aussi furent réduits ; mais ils ne le furent que de 6 pour 100, tandis que l'hectolitre de blé diminuait de 40 pour 100, le kilo de viande de 25 pour 100, le mètre de drap de 30 pour 100, et ainsi pour beaucoup d'autres objets. Sans rappeler en rien ce qu'elle avait été sous Charles VIII, la condition du prolétaire fut donc beaucoup meilleure dans le premier quart du XVIIe siècle que dans le dernier quart du XVIe.

Comparés à ceux de 1591-1600, les prix de 1611-1620 accusent, pour le pouvoir moyen de l'argent, une hausse d'un cinquième. Il n'était plus, sous Henri III, que deux fois et demie plus fort que le nôtre ; il était remonté au triple de son pouvoir actuel pendant la minorité de Louis XIII.

A partir de cette date (1620), la baisse recommence, non plus avec la rapidité vertigineuse du XVIe siècle, mais lente, insensible et cependant constante, pour atteindre son dernier degré de 1670 à 1685, autant qu'il est permis d'assigner des dates précises à de pareils mouvements de chiffres. Ces quinze années furent sans contredit les plus heureuses du règne de Louis XIV, au point de vue du bien-être de la nation. Les riches voyaient augmenter leur revenu par la hausse du prix de la terre, qui montait de 80 à 90 pour 100, les pauvres ne voyaient augmenter leur salaire que de 10 pour 100 à peine (de 0 fr. 74 à 0 fr. 80 par jour pour la journée du manœuvre), mais le prix des céréales n'était pas plus élevé qu'en 1620. Cette époque fut celle de la production la plus intense des marchandises de toutes sortes, production favorisée par l'accroissement de la population, qui avait peut-être augmenté d'un quart depuis la Fronde.

Tout porte à croire que la monnaie aurait vu son pouvoir croître dans une forte proportion, si la masse métallique était demeurée sans changement ; mais l'offre des métaux précieux, de l'argent surtout, s'était maintenue et avait même excédé jusqu'alors la demande qui en pouvait être faite dans le monde civilisé. Au contraire, à la fin du XVIIe siècle, cette offre diminua. Le Potosi était devenu médiocrement productif. L'exploitation des mines d'Amérique fut moins fructueuse, les Irais plus élevés.

I. LE POUVOIR DE L'ARGENT

Le pouvoir de l'argent se mit par suite à remonter progressivement dans les premières années du XVIIIe siècle. S'il ne s'éleva pas très vite, c'est que la misère de ce temps, qui entravait la consommation des marchandises de première nécessité, aussi bien que des objets de luxe, puis le mouvement en sens inverse de la population, qui diminuait d'année en année, et qui devait restreindre la production en même temps que la consommation, paralysa cette hausse du métal. Sans doute, la fonte de la vaisselle et des meubles d'argent de la couronne, des établissements publics et des particuliers, qu'une ordonnance royale de cette époque prescrivit d'envoyer à la Monnaie, put retarder aussi quelque peu la baisse des prix, en rejetant dans la circulation monétaire un stock qui en avait été retiré. En un temps de prospérité, une pareille ordonnance, une pareille prétention de l'État, rappelant les édits somptuaires de jadis, eût pitoyablement avorté ; au contraire, en des heures de gêne comme celles de la vieillesse du « grand roi, » l'opération eût été faite spontanément par les riches, lors même que l'autorité publique n'y serait pas intervenue. La baisse des prix, dans leur ensemble, n'en est pas moins saillante de 1695 à 1715.

Mais ce qui prouve qu'elle ne tenait pas tant à la misère qu'à un *déficit métallique*, c'est qu'elle continua de 1715 à 1726, en pleine paix, et qu'elle s'accentua encore sur bien des articles durant ce ministère du cardinal de Fleury (1726-1743), vrai type du gouvernement idéal, que n'illustre aucune action d'éclat, et dont le seul objectif est, sinon d'améliorer la condition des citoyens, ce qui le plus souvent est hors de la portée des hommes d'État, du moins de ne pas apporter d'obstacles au progrès naturel, que l'initiative individuelle recherche et obtient.

Sous ce ministère, les prix étaient non-seulement plus bas d'un tiers ou de moitié que soixante ans auparavant, sous Louis XIV, mais encore moins élevés à beaucoup d'égards que ceux de 1620 (le moment ne valait que 10 francs l'hectolitre au lieu de 13, et le salaire du journalier nourri n'était que de 32 centimes au lieu de 34). Ce fut le moment où, depuis Henri IV, le pouvoir de l'argent fut le plus grand ; et, pour retrouver une proportion analogue, il faudrait remonter jusqu'au milieu du XVIe siècle. Il est probable que la prospérité croissante, multipliant les marchandises dans un moment où il y avait pénurie de métal, comme sous Louis XI et

Charles VIII, contribuait à en avilir le prix. Les deux périodes où le bien-être fut le plus grand ont été ainsi, au cours des XVIIe et XVIIIe siècles, la première, une époque de cherté (1670-1685), la seconde, une époque de bon marché (1725-1740).

Je passe intentionnellement sous silence, dans cette revue des prix au XVIIIe siècle, le système de Law, parce qu'il n'a eu aucune influence appréciable sur le pouvoir d'achat des métaux précieux.

A partir de 1750, la baisse de l'argent reprend et continue jusqu'à la fin de l'ancien régime, avec une force qui rappelle presque ce qu'on avait vu deux siècles avant. Le filon de Guanaxuato, au Mexique, reproduisait les merveilles qui avaient jadis signalé le Pérou ; de plus, ces nouvelles mines contenaient une proportion d'or très appréciable, ce qui grossissait singulièrement les bénéfices, et le pays, riant et fertile, permettait d'entretenir les mineurs à moins de frais que dans les solitudes inhospitalières du Potosi. De 1750 à 1789 la terre fit plus que doubler de prix, la plupart des marchandises montèrent de 40 à 50 pour 100. Les salaires seuls demeurèrent en arrière, par suite de l'accroissement de la population sans doute, phénomène qui allait justifier ainsi, pendant quelque temps, les théories pessimistes de Malthus et de son école.

Il me resterait à rechercher, pour compléter cette étude, le pouvoir de l'argent depuis 1789 jusqu'à la fin du XVIIIe siècle ; afin d'apprécier les conséquences, non pas économiques, mais seulement monétaires, de notre révolution. Le cours extrêmement variable des assignats, selon les années et selon les provinces, n'est pas la seule difficulté qui compliquerait ce travail. En s'attachant *exclusivement aux sommes payées en numéraire*, on remarque que la création du papier-monnaie, suivie de sa dépréciation, fit monter le pouvoir de l'argent d'une façon extraordinaire, au rebours de ce qu'on voyait sous Louis XVI, où il baissait constamment. Ce pouvoir devient en quelques années le double, le triple peut-être de ce qu'il était précédemment ; si bien, qu'exprimé en monnaie réelle, le prix de la vie paraît avoir baissé prodigieusement sous la convention et le directoire. Ce fait, tout exceptionnel, cessa d'ailleurs avec le consulat.

En résumé, le pouvoir général de l'argent, qui avait été deux fois et demie plus grand que de nos jours de 1626 à 1650, ne fut plus guère que le double du nôtre, de 1651 à 1700. Il s'éleva à près du triple, de 1701 à 1750, et redescendit de 1751 à 1790 au double de ce qu'il est aujourd'hui. Beaucoup de personnes trouveront étrange que la vie n'ait fait que doubler, durant les cent années qui nous séparent de la réunion de l'assemblée constituante. Cependant, cette augmentation de 100 pour 100 n'est elle-même qu'une moyenne : il y a des marchandises qui ont triplé, comme le bois à brûler ; il en est qui ont sextuplé, comme les chaussures. En revanche, le linge et le drap n'ont augmenté que des quatre cinquièmes. L'huile à brûler coûte le même prix, et la chandelle 20 pour 100 de moins qu'autrefois. Le loyer des chaumières de campagnes a augmenté de 120 pour 100 ; mais le blé n'a augmenté que de 30 pour 100, les légumes secs que de 50 pour 100, et l'épicerie, le sel notamment, est trois fois moins chère. Bref, la vie, dans son ensemble, n'est que deux fois plus coûteuse qu'il y a un siècle ; or, tandis que les salaires ont triplé, le revenu de l'hectare de terre n'a fait que doubler et l'intérêt des capitaux a baissé de 20 pour 100.

Pour que la puissance d'achat des métaux précieux se soit en définitive abaissée de moitié depuis un siècle, il a fallu que les quantités extraites des mines aient beaucoup plus que doublé le stock d'or et d'argent, qui existait sur la surface du monde en 1790 ; si l'on songe que les progrès de l'aisance, en notre temps, ont absorbé, pour l'orfèvrerie et les usages domestiques, une somme prodigieuse de ces métaux, et que, d'autre part, des contrées entières ayant été ouvertes à la civilisation ont dû, pour former leur circulation monétaire, attirer une forte proportion de l'argent et de l'or nouvellement produits.

De plus, pendant que la quantité des métaux précieux augmentait, la quantité de marchandises de toute nature augmentait aussi : les matières premières, parce que, grâce au développement de l'agriculture, on en obtenait davantage de la terre ; les objets fabriqués, parce que, grâce aux inventions modernes, on en établissait beaucoup plus et à bien meilleur marché. Très certainement la somme des « marchandises, » de toutes les choses susceptibles d'être échangées, existant en 1892 sur le territoire français, est beaucoup plus que double de celles qui existaient en 1790 sur le même territoire. Il faut donc, pour qu'elles correspondent, prises en masse, à un nombre double de grammes d'argent, que la quantité d'argent, répandue sur notre marché national, soit au moins le quadruple de ce qu'elle était il y a cent ans.

I. LE POUVOIR DE L'ARGENT

II. LES MONNAIES ET LE TAUX DE L'INTÉRÊT

Ces métaux précieux dont nous avons esquissé, dans un précédent travail, l'histoire marchande sous la forme abstraite de lingots, nous apparaissent ici sous leur aspect usuel, fractionnés en moyennes et petites parcelles que l'on nomme des pièces de monnaie ; soit que ces monnaies existent *réellement*, comme notre franc d'aujourd'hui, comme le teston d'argent ou le louis d'or d'autrefois, soit que, sans exister métalliquement, elles *signifient* seulement un certain poids de métal, comme le talent des Grecs, le sesterce des Romains, ou la livre tournois d'avant 1789. De là deux sortes de monnaies : l'une *réelle*, l'autre *de compte*.

Bien que notre unité monétaire soit depuis un siècle le franc, l'usage de l'ancienne « monnaie de compte » n'est pas tellement tombé en désuétude, qu'on ne dise encore communément, pour évaluer la fortune d'un particulier, qu'il a tant de mille *livres* de rente ; et que d'anciennes monnaies réelles, qui ont autrefois circulé en France, ne subsistent dans le langage courant des campagnes, quoique, depuis cent ans et plus, on n'en ait pas vu une seule. La pistole, monnaie d'Espagne, de Flandre et d'Italie, — jamais il n'en a été frappé par nos rois, — fut proscrite sous Louis XIV ; et, pourtant, en 1892, les paysans bas-normands, sur un champ de foire, ne formulent le prix de leurs bestiaux qu'en pistoles et demi-pistoles ; les paysans bretons le formulent en réaux, dernier vestige des rapports commerciaux avec l'Espagne. Les ruraux de bien des provinces continuent à chiffrer les sommes en écus, et les Parisiens, hommes de sport et de cercles, continuent à les chiffrer en louis, quoiqu'il n'y ait plus ni louis, ni écus, ni réaux, ni pistoles.

I

La livre tournois, que nous trouvons dans la première moitié du XIII6 siècle à l'état de monnaie de compte, avait-elle été sous Charlemagne une monnaie réelle, en or, à peu près semblable comme poids à ces pièces de 100 francs, les reines de notre système monétaire, dont on ne voit guère de spécimens que sur le tapis vert de Monaco ? C'est une question qui, jusqu'ici, n'a pas été résolue, et dont la discussion m'entraînerait hors du cadre de cette étude. Toujours est-il qu'au milieu du règne de Philippe-Auguste, en 1200, le mot « livre tournois » ne désignait pas une pièce de monnaie, mais une quantité d'argent supposée égale à 98 grammes d'argent, puisqu'on disait que le « marc, — 245 grammes, — valait deux livres dix sols. »

La livre tournois n'existant que dans le langage, ne servant qu'à compter, de quelle monnaie se servait-on pour payer ? D'un nombre infini de morceaux d'or, d'argent, de billon, frappés par toutes sortes de gens dans toutes espèces de pays, et que le public se chargeait d'apprécier en livres, sous et deniers, à leur juste valeur de poids et de titre. Les barons et les prélats qui battaient monnaie régulièrement, au XIIIe siècle, étaient au nombre de quatre-vingts. Il y avait donc, en théorie, quatre-vingts étalons monnayés. En pratique il y en avait davantage. Avant de devenir sous la féodalité un droit seigneurial, puis un droit régalien, la monnaie était apparue aux peuples des temps mérovingiens sous un aspect commercial, bien plus que sous l'aspect administratif.

On se faisait de la monnaie, sous Dagobert, une idée plus juste, plus conforme aux principes de l'économie politique, et plus semblable à celle que nous en avons aujourd'hui, qu'on ne faisait sous Philippe le Bel ou sous Louis XIV. Sous les Mérovingiens, une foule d'abbayes et de particuliers, — dans un travail récent, M. A. de Barthélémy en a relevé plus de mille, — jouissent du privilège d'émettre de la monnaie à leur nom (celui des princes n'y figurait pas), et au titre légal ; ils la vendent comme toute autre marchandise. L'autorité de l'État sur ces *monetarii* paraît vaine depuis le VIe siècle.

Rien ne prouve que, de ces pièces en quelque sorte privées, il ne subsistât quelques types encore au XIIIe siècle. La longévité des monnaies, jamais *décriées* ni refondues et qui ne mouraient que de vieillesse, était inouïe en ces époques reculées. En 1420, à Limoges, les pièces frappées en 817, c'est-à-dire six siècles auparavant, à l'effigie de Louis le Débonnaire, sont très communes. On en voit d'autres à la même époque au nom de Charlemagne, de Pépin d'Aquitaine et d'Eudes, datant par conséquent de 752 à 890. Quoiqu'on sache que la fabrication d'espèces à l'effigie de ces rois a continué longtemps après leur mort, le fait ne laisse pas d'être curieux.

II. LES MONNAIES ET LE TAUX DE L'INTÉRÊT

Aux XIIIe et XIVe siècles, le droit d'émettre de la monnaie n'emportait pas pour un seigneur, *ni même pour un souverain*, le droit d'en imposer l'usage, surtout l'usage unique et exclusif, dans ses propres États. Grenoble refuse nettement, en 1366, de se soumettre à une ordonnance du Dauphin, qui proscrivait toute autre monnaie que la monnaie delphinale, ordonnance que la ville déclare « attentatoire à ses libertés. » Ce libre cours des espèces, qui fut le droit commun du moyen âge, permit à la monnaie royale de se répandre sur les terres des grands vassaux.

Il ne faudrait pas croire pourtant que la livre tournois eût universellement pénétré, même dans le langage ou dans les écritures des caissiers, sur le territoire de la France moderne. On relève, de Dunkerque à Marseille et du Rhin aux Pyrénées, une vingtaine de livres de compte, toutes de valeurs différentes, toutes cependant divisées en 20 sous et en 240 deniers. Le roi lui-même ne se sert pas de la livre tournois ; jusqu'au milieu du XVe siècle, les dépenses et les recettes de sa maison sont établies en livres parisis, plus fortes d'un quart que le tournois. Plus faible au contraire est la livre de Provins, que la Champagne abandonne au XIVe siècle. La livre angevine égale le tournois, celle du Mans au contraire vaut le double ; celle de Bretagne, en usage dans cette province jusqu'à sa réunion à la France au XVIe siècle, égale la monnaie parisis.

Il est probable que les Anglais ont tenté, durant leur longue possession de la Normandie, d'y introduire la livre sterling, ou d'*estrelin* comme on disait ; mais les pièces françaises n'ont pas cessé d'y jouir de la faveur publique. Le sterling était plus solide pourtant, il s'est mieux tenu que le tournois à travers les siècles. Son histoire ne comporte pas une dépréciation aussi folle. Dans la deuxième moitié du XIIIe siècle, la livre sterling, au lieu de valoir 25 francs, comme de nos jours, en valait à peu près 75. Elle était le quadruple de la livre tournois. Elle diminua graduellement jusqu'en 1561, où Elisabeth la fixa sous les espèces du « souverain » d'or, qui a subsisté depuis, immuable comme poids et comme titre, et toujours divisé, comme au temps de Richard Cœur-de-Lion, en 20 sous que l'on nomme shillings, et en 240 deniers que l'on nomme pence.

La livre sterling valait, à cette date (1561), huit livres tournois environ ; deux siècles plus tard elle en vaudra plus de 27. Et cette seule évolution de la monnaie des deux peuples causa de singulières différences dans la fortune mobilière, en France et en Angleterre.

Les livres tournois et sterling, si leur valeur, à une époque très ancienne, a été la même, ce qui est possible, puisque le sou de Charlemagne valait 4 fr. et que le sou de saint Louis ne valait qu'un franc, semblent n'avoir eu, depuis la conquête normande, aucune espèce de rapports, n'avoir jamais influé l'une sur l'autre ; on peut s'en convaincre en comparant les dates de leurs variations respectives. Au contraire, les « livres de compte » des peuples de Lorraine, Bourgogne, Dauphiné, Provence, Languedoc, Roussillon, etc., ont suivi, dans leur avilissement progressif, la marche décroissante du tournois, jusqu'à ce que l'absorption des fiefs par la famille royale fit disparaître peu à peu leur usage, leur nom et, dans les temps modernes, jusqu'à leur souvenir.

Le Languedoc, au temps des Albigeois, se servait de la livre *raimondine* ou *arnaudine* : et non-seulement les gouverneurs royaux respectaient, cent ans après, ces monnaies locales, mais ils continuaient de faire fondre, pour la province, des types très différents de ceux dont on usait à Paris et dans le Nord. Dans tout le Sud-Ouest, les monnaies de Roussillon s'étaient aussi largement répandues, par le commerce dont ce petit coin de terre avait été longtemps, sur la Méditerranée, l'un des centres favorisés. On comptait ici en livres *perpignanaise, melgorienne* et *barcelonaise de tern*, cette dernière créée par les rois de Majorque, comtes de Barcelone et de Roussillon.

Tous ces systèmes évoluaient un peu dans l'orbite du nôtre, mais sans que l'on puisse établir entre eux aucune proportion constante. Je n'infligerai pas du reste au lecteur le détail, passablement embrouillé, des luttes de ces multiples monnaies de compte les unes avec les autres, car elles en eurent de terribles ; les souverains des petits fiefs, comme ceux des grands, prétendant toujours intervenir, et toujours obligés de battre en retraite devant la souveraineté de l'opinion.

Au sud-est, la Provence, le Comtat-Venaissin et le Dauphiné avaient aussi leur étalon particulier. Dans les deux premiers, c'est généralement le florin, composé de 12 sous. Durant les XVIe et XVIIe siècles, le vice-légat d'Avignon, pour le compte du pape, et le propriétaire de la principauté d'Orange, fabriquèrent en billon, sous et doubles deniers ou *patacs*, une quantité de fausse monnaie si grande, et si disproportionnée avec les faibles besoins de ces territoires, le marché y était tellement encombré de ce numéraire de mauvais aloi, que le prix des marchandises, exprimé en cette monnaie à demi fictive, avait haussé de toute la prime obtenue par la « monnaie forte » dans toute la région.

Le Dauphiné ne suivit pas l'exemple de la Provence, qui, depuis sa réunion à la couronne (1481), ne compta guère qu'en monnaie tournois. Possédé par le roi de France, plutôt que vraiment uni et incorporé au royaume, — situation bizarre à nos yeux contemporains, bien qu'elle soit pourtant celle de la Hongrie vis-à-vis de l'Autriche, et qu'elle ait été longtemps celle du pays de Galles vis-à-vis de l'Angleterre, — l'héritage des Dauphins de Viennois conserva, jusqu'au commencement du XVIIe siècle, son autonomie monétaire de jadis. Cette autonomie, comme tout ce qu'ont enfanté les temps féodaux, était elle-même très fractionnée. On avait, dans ce territoire borné, deux systèmes de compte : l'un, la livre viennoise, qui disparut au XVIe siècle ; l'autre, beaucoup plus tenace et qui persista jusqu'à Louis XV, le florin, divisé en douze gros de chacun vingt-quatre deniers.

La Bourgogne parait avoir adopté de bonne heure l'usage de la monnaie tournois. Les ducs eux-mêmes l'employaient au XIVe siècle, pour l'évaluation de leurs dépenses, quand ils résidaient dans leur fief ; à Paris et aux environs, ils se servaient de la livre parisis. Cependant ils ne se faisaient pas faute de frapper des espèces divisionnaires d'un aloi de fantaisie, selon la coutume du temps, pour les besoins de leurs peuples. La monnaie du cru, livre dijonnaise, avait aussi à subir, au sud, la concurrence de la livre viennoise, assez répandue en Savoie et en Piémont, à l'est celle de la livre *est evenante* qui dominait en Franche-Comté.

Cette dernière, ainsi nommée de l'archevêque de Besançon Etienne, son fondateur, était plus faible aussi que le tournois. Une autre monnaie était en usage à côté d'elle, dans la comté de Bourgogne : le *franc*, ou livre comtoise, qui n'a rien de commun avec les pièces d'or frappées en France, sous le même nom, au XIVe siècle, ni avec les *francs* d'argent du XVIe siècle qui circulèrent jusqu'à Louis XIV. Le franc des bords de la Saône, comme son voisin celui de Lorraine, était une monnaie de compte, qui valait assez exactement, sous l'ancien régime, les deux tiers de la livre française et qui se subdivisait en 144*engrognes*.

Au nord-est, l'Alsace se servait à la fois de deux ou trois types, très anciens, comme tous ceux qui précèdent, et comme eux ayant subi un avilissement extrême, au point de vue des quantités de métaux précieux qu'ils désignaient : c'étaient les livres et *pfenning* strasbourgeois, bâlois, colmariens, toutes espèces qui se mêlent dans les mêmes bourses, sans se confondre, gardant chacune leur titre et leur aspect. Il en est de même en Flandre, où l'on compte simultanément au XVIe siècle en carolus, ou florins de Brabant, valant 25 sous tournois, en livres de 240 gros, en livres d'Artois, etc. Le mot « livre » s'applique ici à tant de valeurs diverses, que l'audacieux traducteur des monnaies antiques de notre département du Nord a toutes les peines du monde à éviter de faire naufrage, dans un océan d'incertitudes.

II

Toutes ces monnaies, jusqu'ici passées en revue, ne sont, on ne doit pas l'oublier, que des évaluations de langage, des « monnaies parlées ». Avec elles on compte, mais on ne paie pas. Avant de jeter un coup d'œil sur les « bonnes espèces sonnantes, trébuchantes et ayant cours, » selon la formule de nos pères, qui ont été monnayées de 1200 à 1800, occupons-nous de la livre française par excellence, notre vieille livre tournois.

La valeur intrinsèque de la livre tournois en francs actuels nous est révélée par le prix du marc d'argent fin (245 grammes), unité de poids des métaux précieux, aux diverses périodes de notre histoire. Quand on dit que le marc, ou les 245 grammes d'argent, valent 3 livres 8 sols, c'est comme si l'on disait que la livre correspond à un poids d'argent de 72 grammes (245 gr/3 l. 8 s.), et qu'elle vaut par conséquent 16 francs ; puisque le franc, pesant 4 gr. 50 c, est à la livre comme 4 gr. 50 c. sont à 72 grammes.

Cette opération d'école primaire ne souffre aucune difficulté, lorsqu'on sait les prix réels du marc d'argent fin. C'est ce prix du marc que l'on a quelque peine à dégager des tables spéciales, dressées à cet effet par plusieurs savants, souvent avec un luxe de décimales qui entretiennent seulement l'illusion de l'exactitude.

Le titre des métaux précieux, que nous mesurons aujourd'hui au millième, se comptait jadis en « deniers » pour l'argent, en « karats » pour l'or. L'argent pur était à 12 deniers, l'or pur à 24 karats. Les bonnes monnaies d'or étaient à 22 et 23 karats, les bonnes monnaies d'argent variaient entre 11 deniers et 11 deniers et demi ; c'est-à-dire qu'elles contenaient une proportion d'un douzième ou un vingt-quatrième seulement d'alliage, tandis que les nôtres en contiennent un dixième. Mais la tolérance légale de poids et de titre, concédée autrefois beaucoup plus largement qu'aujourd'hui, la façon surtout dont on vérifiait les espèces, longtemps après leur mise en circulation, et la négligence voulue, encouragée au besoin par le gouvernement, des directeurs d'ateliers monétaires à se conformer aux règlements, permettent d'affirmer que la quantité de métal fin, réellement contenue dans les monnaies anciennes, ne dépasse pas celle des pièces contemporaines sous le rapport du titre, et, sous le rapport du poids, il est certain que ces dernières en contiennent beaucoup plus.

De nos jours les États d'Europe démonétisent les pièces, diminuées par le *frai* de 1/2 pour 100 de leur poids, si elles sont en or, et de 1 pour 100 si elles sont en argent. Jadis le *descri* effectif des monnaies était très rare ; et les pièces n'avaient pas à redouter seulement l'affaiblissement naturel, provenant d'un long usage. Jusqu'au milieu du XVIIe siècle (1645), où l'emploi du balancier et la fabrication « au moulin », inventée depuis cent ans, mais non encore adoptée, l'emportèrent définitivement sur l'antique fabrication au marteau, le rognage des espèces d'or et d'argent, d'une rotondité toujours douteuse et d'une tranche mal définie, se pratiqua sur la plus vaste échelle, par des moyens mécaniques ou chimiques. Ce fut au moyen âge, et jusque sous Louis XIII, une industrie fort répandue, dont la potence, prodiguée à ceux qui l'exerçaient, ne parvint pas à arrêter l'essor.

En restreignant aux pièces neuves, sortant pour la première fois d'un hôtel des monnaies, ou aux lingots qui y entrent afin d'y être transformés en espèces, les recherches sur la valeur du marc d'argent, on trouve deux sortes de prix : celui qui est payé par l'État aux particuliers, pour les 245 grammes de métal fin qu'il achète ; celui que l'État revend au public ces 245 grammes monnayés. Il est un troisième prix du marc d'argent, aussi important que les deux autres, et moins facile à connaître exactement, parce qu'il n'en a pas été dressé de statistique : c'est le prix commercial et libre, que l'on paie entre personnes privées.

Ces prix ne se ressemblent jamais complètement, obéissent à des lois qui leur sont propres, et cependant influent toujours les uns sur les autres. Même aux périodes où le gouvernement s'abstient de toute ingérence dans le numéraire, il y a toujours entre le cours commercial et le cours légal du marc d'argent, exprimé en livres, un écart qui représente le droit de « seigneuriage, » — impôt et frais de fabrication. — Aux époques d'altérations officielles des monnaies par le roi, cet écart devient énorme.

Les altérations revêtaient deux formes bien distinctes : l'une portait sur *la nature* du métal, l'autre sur *sa valeur* en livres. Par la première, l'Etat donnait du cuivre, plus ou moins mélangé d'or et d'argent, pour de l'or et de l'argent pur. C'est la fausse monnaie classique que nos tribunaux punissent mensuellement des travaux forcés ou de la réclusion. Par la seconde, l'État attribuait à un métal ou à l'autre, mais le plus souvent à l'argent, une valeur arbitraire.

Aux yeux de nos ancêtres, ces deux opérations n'étaient pas blâmables au même degré. Pour eux, il y avait une nuance considérable entre le fait de changer le titre d'une monnaie, sans crier gare, d'émettre frauduleusement des « doubles » ou des « liards » qui ne contenaient que la moitié, ou le tiers, de leur poids en métal fin, et le fait de déclarer qu'une certaine espèce en circulation, qui valait dix sous la veille, en vaudrait quinze le lendemain. Ces deux procédés étaient fort désagréables aux peuples ; les contribuables faisaient leur possible pour s'en garantir, et nous allons voir qu'ils y ont réussi. Mais le premier leur semblait un pur vol ; à ceux qui l'emploient trop souvent, et sans vergogne, comme Philippe le Bel, ils décernent l'épithète de « faux monnayeurs. » Le second leur apparaissait comme un impôt, odieux mais non illégitime, qui n'outrepassait pas absolument les droits de la puissance publique.

Il ne faut pas oublier que, jusqu'aux temps modernes, la doctrine gouvernementale était « que le prince a le droit de hausser et de baisser de prix la monnaie, *quand ses affaires le désireront.* » C'est un conseiller d'État, Le Bret, qui tient ce langage en plein

XVIIe siècle, et voici ce qu'au XVIIIe on imprimait : « L'argent a, comme monnaie, une valeur que le prince peut fixer ; il établit une proportion entre une quantité d'argent, comme métal, et la même quantité, comme monnaie ; il fixe celle qui est entre les divers métaux employés à la monnaie… ; enfin il donne à chaque pièce une valeur idéale ! » Ces lignes sont signées Montesquieu, et l'auteur d'un *Dictionnaire des monnaies*, ouvrage estimable publié il y a cent ans, trouve la théorie si juste qu'il la donne à ses lecteurs comme de lui.

Au fond, les princes du moyen âge, gros et petits, clercs ou laïques, s'estimant maîtres du numéraire comme d'une portion de leur domaine, se livraient sans scrupule à la pratique des deux sortes de fausse monnaie que je viens de dire ; ce qui ne les empêchait pas de réserver ingénument la corde ou l'eau bouillante, — « le faux monnayeur est accoutumé à être bouilli, » — à ceux de leurs sujets qui s'avisaient de les imiter.

Le duc de Bourgogne *accorde* à l'évêque de Langres (1190), qu'il n'altérera ni le titre ni le poids de la monnaie de Dijon pendant sa vie, *sans le consentement* dudit évêque, mais réserve, sur cette prérogative d'altération, les droits de son fils et successeur. L'évêque d'Agen fait aux bourgeois de sa ville épiscopale et aux barons de l'Agenais la faveur de leur promettre (1233) qu'il maintiendra sa monnaie dans les conditions d'aloi précédemment réglées. Ce n'est pas chose rare qu'une députation venant de province présenter requête au souverain, « pour obtenir qu'il ne soit émis que de bonnes monnaies ; » avantage signalé et qui se paie.

Peu à peu les grands États renoncèrent à ces pratiques ou n'y eurent recours que lorsqu'ils étaient à bout de ressources. Quelque discrétion qu'ils y aient apportée dans les siècles qui nous avoisinent, ces atteintes à la valeur des espèces avaient cessé d'être tolérées par l'opinion. Un duc de Bretagne, en 1472, pouvait impunément faire monnayer un certain nombre de marcs d'argent « à six deniers de loi, » c'est-à-dire moitié argent moitié cuivre ; mais un roi de France ne le pouvait déjà plus. Quand Louis XIV ordonna les refontes, et prit avec le numéraire les libertés que l'on sait, à la fin de son règne, il lit scandale et souleva des tempêtes. Au contraire, on constate sans trop d'étonnement, au xive siècle, que telle monnaie ne contient qu'un quart de son poids en métal précieux. C'est une particularité qui ne tire pas à conséquence.

Ces deux modes d'altération gênent beaucoup ceux qui recherchent aujourd'hui le prix *réel* du kilogramme d'argent ; et, par prix réel, j'entends celui pour lequel il a été accepté par le public, et non celui que le roi lui a attribué dans un édit. Si, le marc d'argent valant cinq livres, on abaisse le titre de la monnaie de moitié, le même poids d'argent vaudra *nominalement* dix livres ; de même, si l'on déclare que la somme du numéraire représentant 245 grammes d'argent, et que l'on appelait « cinq livres, » sera désormais appelée « dix livres, » dans l'un comme dans l'autre cas, le mot « livre » ne correspond plus qu'à un chiffre de grammes moitié moindre de celui auquel il correspondait précédemment.

Voilà ce qu'on en devrait conclure, si l'on prenait au pied de la lettre les tables de prix de M. Natalis de Wailly. Mathématiquement, et sur le papier, ce serait exact ; pratiquement, et dans le commerce, ce serait faux. Les altérations monétaires n'ont pas eu le moins du monde les conséquences que l'on pourrait se figurer à première vue, *et que l'histoire leur attribue*. C'est un fait bizarre ; mais l'étude du prix des marchandises le prouve surabondamment. Le cours des monnaies n'obéissait pas aux ordonnances royales.

J'ai été fort étonné, je l'avoue, de ne presque pas trouver trace des troubles que l'on suppose avoir été causés par cette manière d'agir des princes vis-à-vis de la monnaie. Les transactions ne paraissent pas en souffrir sérieusement entre particuliers. On stipule que l'on paiera en telles ou telles espèces non altérées, ou en monnaie forte ; mais *le prix de toutes choses, exprimé en livres et en sous, reste le même* dans les années où le marc d'argent subit, par la volonté royale, une hausse artificielle, que dans les années qui précèdent ou suivent. C'est le cas en 1305, en 1355 et 1360, en 1420, etc.

Sous Philippe le Bel, la plupart des ventes de rentes et d'immeubles sont, par contrat, stipulées payables « en bonne et forte monnaie du temps, poids et valeur de saint Louis. » L'opinion persiste à traiter la monnaie comme une marchandise ; et, si le gouvernement a émis des espèces affaiblies, on ne les reçoit que pour leur valeur intrinsèque, à laquelle on les ramène aussi bien dans le langage que dans les écritures. Les sujets de Jean le Bon ou de Charles VI agissaient, à l'égard des fausses monnaies de ces princes, comme nous aujourd'hui envers les pièces de 5 francs de l'Amérique du Sud, que nous ne recevons que pour 3 fr. 50. En 1359, année de grande secousse dans les prix du marc d'argent, le public adopte comme unité l'écu d'or qui n'a pas varié ; à Tours, le receveur municipal compte en sous de mauvais aloi, et les traduit en écus sérieux avant de porter les totaux sur ses registres. A Paris, on distingue la *forte*, la *moyenne* et la *faible* monnaie ; on en fait trois totaux séparés, et il est à noter que c'est toujours la forte qui domine : les recettes de l'hôpital Saint-Jacques (1360) sont, en forte monnaie de 443 livres, en *moyenne* de 55 livres, en *faible* de 28 livres seulement.

Je suis loin de prétendre que cette règle de ne compter qu'en forte monnaie n'ait souffert aucune exception. Évidemment il y en a eu, et j'en pourrais citer : les maçons sont payés à Rouen, en 1420 (année de cours factice du marc d'argent), 4 sous, puis 5 sous, 6 sous 8 deniers et enfin 15 sous. Voilà un exemple de prix marqués en « faible monnaie » ; mais je le répète, ils sont extrêmement rares, et la comparaison de ces chiffres avec leurs voisins suffit, en pareil cas, à prévenir toute erreur.

Bien que les gouvernements d'alors cherchassent à tromper le public, au contraire des gouvernements actuels qui s'efforcent de le mettre en garde, par des avis multipliés, contre les fraudes dont il pourrait être victime à ce sujet, la sagacité populaire ne se laissait pas mettre en défaut. Même dans les époques à peu près régulières, le droit du vendeur de peser les espèces, avant de les recevoir, était tellement admis, que les ordonnances prétendant y porter atteinte demeuraient vaines, et provoquaient seulement « des querelles et des batteries. »

III

Comment la valeur de la livre parvenait-elle à se soustraire ainsi aux manœuvres fiscales des souverains de jadis, que l'on se figure armés de pouvoirs presque absolus ? C'est ce qu'il est aisé de concevoir, en descendant dans le détail des transactions privées. La livre tournois n'étant que monnaie de compte, les paiements se faisaient en espèces d'or, d'argent ou de billon, françaises ou étrangères. Quand le roi altérait une de ces espèces, quelque monnaie d'argent en général, le commerce se rejetait sur les autres, auxquelles on n'avait pas touché. Il se fixait sur la monnaie d'or : l'agnel, la chaière, le florin, le franc, l'écu, le salut, le mouton, le royal, toutes pièces de 14 à 8 francs actuels, qui furent frappées depuis Philippe-Auguste jusqu'à Henri IV.

On sait combien de temps il faut aux ministres des finances du XIXe siècle, disposant de moyens d'action très divers, très étendus, pour retirer de la circulation les espèces qu'ils veulent démonétiser, quel concours doivent leur prêter pour cela les caisses privées ; le tout sans admettre aucune mauvaise volonté de la part de la population. Il serait fou de croire que des administrations du moyen âge, qui ressemblent aux nôtres comme une carriole ressemble à un chemin de fer, qui n'avaient pour ainsi dire pas de budget, pas de fonctionnaires, aient pu faire passer aisément, et surtout promptement, de leurs hôtels des monnaies dans les escarcelles des particuliers de Paris et de province, avec lesquels elles communiquaient à peine, des espèces que tout le monde voyait d'un mauvais œil ; ni qu'elles aient pu davantage faire rentrer un autre numéraire auquel la foule était attachée !

La proportion infime, que j'ai citée plus haut, de la faible monnaie à la forte (6 pour 100) dans les coffres d'un hospice, c'est-à-dire d'un établissement qui reçoit les espèces sans les choisir, puisqu'elles lui arrivent en grande partie par la voie de l'aumône, et d'un hospice situé dans la capitale, par conséquent tout à fait à proximité de la source des espèces altérées, cette proportion, constatée au bout des douze mois de la plus grande falsification *nominale* qu'il y ait eu dans notre histoire (1360), montre suffisamment que ces falsifications avaient de minces résultats.

De plus, il fallait compter avec les monnaies étrangères : l'Europe des temps féodaux, si particulariste à tous égards, si hérissée de douanes, de péages et de barrières, politiques ou économiques, vouée par sa constitution au morcellement et, par l'absence de moyens de transport, à l'isolement, était, sous le rapport monétaire, bien plus cosmopolite que l'Europe actuelle. Il y avait une beaucoup plus grande masse d'États qu'aujourd'hui à battre monnaie ; mais toutes ces monnaies circulaient sans obstacle dans tous ces États. Nul n'avait le pouvoir, ni peut-être même l'idée, de proscrire celles de ses voisins. Cette situation, qu'aucune convention n'avait créée, résultait d'une sorte d'accord tacite. Elle se prolongea jusqu'à Louis XIV qui, le premier, *décria*, avec un succès relatif, certaines des pièces qui avaient vu le jour au-delà de nos frontières. Encore lui fallut-il, pour réussir, les accaparer et les refondre lui-même à son effigie.

Sous le règne de son prédécesseur, en 1636, un édit royal énumérait, en établissant le rapport officiel qu'il s'efforçait de leur attribuer avec la livre tournois, jusqu'à *trente-huit* monnaies étrangères ayant cours dans le royaume de droit ou de fait, et il y en avait bien d'autres. A côté de la pistole d'Espagne circulaient à cette époque, en France, d'autres pistoles frappées par les princes d'Italie, à Parme, à Milan, Florence, Gênes, Venise et Lucques, celles de Liège, celles du duc de Savoie et du duc de Lorraine. On se servait aussi des doubles ducats de Portugal, des *albertus* de Flandre, des *riddes* des Provinces-Unies. L'Angleterre nous envoyait ses *angelots*, ses *jacobus* et ses *nobles* à la rose. Il n'était pas jusqu'aux ducats de Bohême, de Hongrie ou de Pologne qui n'entrassent dans un paiement de quelque importance.

Aux siècles antérieurs, la diversité était bien plus grande, et elle augmente à mesure que l'on remonte dans le moyen âge, où les fabricants de monnaie étaient légion. Le plus singulier, c'est la grande distance d'où ces pièces de tout calibre et de toute valeur étaient venues, d'étape en étape, prendre place sur notre marché. A côté des monnaies royales et seigneuriales se voyaient, aux XIIIe et XIVe siècles, sur le territoire actuel de notre patrie, les *morabotins* des Arabes, les oboles, *besans* et *constations* de l'empire d'Orient, les *augustes* de Frédéric d'Allemagne, les ducats de Sicile et le florin de Florence, supérieur à toutes les autres monnaies d'or, imité et contrefait dans toute l'Europe. A Bordeaux, pour payer 17 livres tournois, on donne 3 écus d'or, 3 *meariques* neuves, 4 florins du Saint-Empire, 3 florins de Castille, 3 « au Chat, » etc. (1471). Un petit bourgeois de Brives fait l'inventaire de ses richesses métalliques (1512) qui comprennent des nobles « à l'écu, » à « la nef, » au « petit E, » des *aigles* d'Allemagne, des *philippes*, des *francs* à cheval et à pied, des *réaux* d'Espagne, des *folles*, des *guillermus*, des écus, des ducats et des gros de toute provenance. Et ces mêmes espèces se rencontrent un peu partout, mélangées à d'autres, aux *toisons d'or*, aux *carolus* d'Autriche, en Artois, dans la Bourgogne aux écus

Georges d'Avenel

Wilhem, aux testons de Milan, aux *reichsthalers*, chacun de ces types ayant une valeur variable selon l'année de sa fabrication, son titre et son degré de conservation.

Je demande pardon au lecteur de cette énumération fastidieuse ; mais elle n'est pas inutile pour se faire idée de la confusion internationale des espèces, dans laquelle nos pères paraissent se mouvoir sans trop d'efforts, mais qui devait paralyser absolument, par la concurrence illimitée qu'elle comporte entre une si grande quantité de pièces, le succès d'une émission frauduleuse d'un des monnayeurs, ce monnayeur fût-il le roi de France.

Il faut bien admettre cependant, puisque plusieurs de nos rois ont eu recours à cet expédient impopulaire de jongler avec les métaux précieux, qu'ils y trouvaient quelque bénéfice. Ce bénéfice était mince. L'opération qui consistait, ou à diminuer le titre d'une pièce, ou à en surhausser la valeur nominale, ne pouvait réussir qu'avec les créanciers du Trésor. C'était donc une banqueroute, vulgaire dans le fond, quoique compliquée dans la forme. Quant à l'opération inverse qui consistait à abaisser subitement le prix du marc d'argent, à exiger, pour la valeur d'une livre, une plus grande quantité de grammes d'argent, c'était un impôt déguisé destiné à grossir les recettes. Dans le premier cas, l'État coupait en deux ou en trois une pièce de 5 francs, et déclarait, en vertu de son droit régalien, que chacun des morceaux valait toujours 5 francs ; dans le second, il annonçait que la pièce de 5 francs n'aurait plus cours que pour 2 fr. 50. Dans la première hypothèse il volait ses créanciers, dans la seconde il volait ses débiteurs.

Débiteurs et créanciers de l'État étant peu nombreux à ces époques reculées, ce vol déguisé, cette confiscation, ou cet impôt, comme on voudra l'appeler, n'a jamais procuré à la fiscalité capétienne des ressources bien considérables.

Les altérations monétaires et les variations *artificielles* des prix du marc d'argent ayant été, comme je viens de le dire, sans influence sur le prix des marchandises exprimé en livres et en sous, il s'ensuit que, si l'on adopte les prix de la livre donnés par M. de Wailly ou ses prédécesseurs, méthodiquement et *annuellement* déduits des cours, fictifs ou réels, du marc d'argent, on commet de grossières erreurs. Si, parce que le marc d'argent est coté dans les tables de prix

20 livres en 1420, au lieu de 7 livres en 1418, on se figure que la livre, qui valait peut être 6 fr. 50 actuels l'année d'avant, est descendue à 2 francs, on obtient l'absurde résultat que voici : les prix anciens, exprimés en livres, n'ayant pas varié dans le commerce, l'objet qui valait 10 sous en 1418 vaut toujours 10 sous en 1420 ; mais, comme on traduit les 10 sous de 1418 par 3 fr. 25, et les 10 sous de 1420 par 1 franc, on amène le lecteur, qui ne connaîtrait que la colonne des prix traduits en francs, à conclure que les altérations des monnaies par les rois avaient pour conséquence de faire beaucoup baisser le prix des choses ; tandis qu'au contraire, lorsqu'elles avaient une influence sur eux, c'était bien entendu dans le sens d'une hausse, d'une hausse nominale du moins.

Je crois plus sage de prendre, pour établir le prix de la livre tournois en France, la *moyenne* du prix du kilogramme d'argent fin, à chaque époque, en ne tenant compte que dans une très faible mesure des valeurs extravagantes attribuées à ce métal par les décisions éphémères du gouvernement. On obtient ainsi, de 1200 à 1600, dix-huit prix successifs de la livre tournois en francs, déduits du prix moyen de l'argent, pendant un nombre égal de périodes, dont on peut se servir pour calculer la valeur intrinsèque des objets de toute nature, et pour apprécier en bloc les vicissitudes de la fortune mobilière française.

Partie de 22 francs dans le premier quart du XIIIe siècle, la livre tournois était déjà descendue à 12 francs en 1320. Elle tombe d'une façon définitive, après quelques oscillations, à 7 fr. 50 en 1390. Elle avait donc baissé, en cent soixante ans, de près des deux tiers. Si elle avait continué dans la même proportion jusqu'en 1789, elle se serait réduite à quelques centimes. Mais, de 7 fr. 50 à la fin du XIVe siècle, elle mit près de cent ans avant de tomber au-dessous de 5 francs en 1488 ; et elle valait encore plus de 2 fr. 50 à l'avènement d'Henri IV. Il est remarquable, comme je l'ai dit dans un travail précédent, que les diminutions ou augmentations du pouvoir commercial de l'argent soient demeurées absolument indépendantes de la dépréciation de la monnaie de compte, que même la pléthore de métaux précieux, au XVIe siècle, n'ait eu sur le prix du kilogramme d'argent, exprimé en livres, aucune influence sérieuse.

Les 245 grammes d'argent valent 2 livres 10 sous en 1200, 4 livres en 1301, 7 livres 4 sous en 1411, 13 livres 12 sous en 1512, et 22 livres 16 sous en 1602.[1] Ils ont donc haussé d'une façon presque régulière, ou, si l'on veut, la livre a diminué effectivement de 80 pour 100 par chaque siècle, mais, dans le XVIe siècle, plutôt moins que dans les autres.

IV

Quelle a donc été la cause de l'affaiblissement progressif de la livre tournois ? Et comment ce mot, qui signifiait, en 1220, 98 grammes d'argent fin, est-il venu à n'en plus signifier que 11 en 1600, et 4 en 1789 ?

Évidemment l'ingérence de l'État a joué un rôle dans cette dépréciation, quand elle s'attaquait soit aux espèces, soit au prix du kilogramme de métal, *d'une manière lente et soutenue*. Le public n'était pas la dupe du gouvernement, dans ce dernier cas plus que dans l'autre ; il ne cédait qu'en apparence. Il consentait à appeler « livre » une quantité de métal fin moins grande qu'auparavant, et à prendre pour une livre une monnaie qui, par son titre ou son poids, ne valait précédemment par exemple que 18 sous. Mais il rehaussait nominalement, dans la même proportion du dixième, toutes les espèces d'argent, nationales ou étrangères, en circulation dans le moment ; et celles qui valaient jusque-là une livre se trouvaient dès lors valoir dans le commerce 22 sous. Il agissait de même envers toutes les espèces d'or. Nombreuses sont les ordonnances royales qui menacent, aux XIVe et XVe siècles, de peines sévères, voire de la confiscation des espèces, ceux qui prennent les monnaies d'or

1 La livre tournois valut en moyenne :

De 1200 à 1225	21 fr. 77	De 1361 à 1389	8 fr. 90	De 1488 à 1511	4 fr. 64
De 1226 à 1290	20 fr.	1390 à 1410	7 fr. 53	1512 à 1540	3 fr. 92
1291 à 1300	16 fr.	1411 à 1425	6 fr. 85	1541 à 1500	3 fr. 34
1301 à 1320	13 fr.40	1426 à 1445	6 fr. 53	1561 à 1579	3 fr. 11
1321 à 1350	12 fr. 25	1446 à 1455	5 fr. 60	1573 à 1579	2 fr. 88
1351 à 1360	7 fr. 26	1456 à 1487	5 fr. 29	1580 à 1601	2 fr. 57

pour un prix supérieur au cours légal. Inutile d'ajouter que ces ordonnances n'étaient suivies d'aucune exécution.

Le même phénomène se produisait sur l'argent et les espèces d'argent, quand le roi s'en prenait à une espèce d'or ou au prix du kilogramme d'or : c'était l'argent qui montait, et il en résultait de même que la livre ne correspondait plus qu'à un peu moins d'or et à un peu moins d'argent.

Souvent aussi, sans aucune intervention du souverain, le rapport des deux métaux se dérangeait, comme il s'est dérangé dans notre siècle. Les ouvrages des financiers les plus sérieux, parus entre 1840 et 1850, témoignent la plus grande inquiétude sur la baisse probable de l'or, qui menaçait d'être terrible. On était à ce moment sous le coup des premières exploitations de la Californie, et déjà l'argent faisait une forte prime. Le contraire s'est produit, ainsi qu'on sait, depuis vingt ans ; et le kilogramme d'or, au lieu de valoir seulement 15 kilogrammes et demi d'argent, comme la i loi française lui en fait un devoir, se permet d'en valoir plus de 18. Il en fut souvent ainsi de l'an 1200 à l'an 1600. Le rapport entre les deux métaux descendit jusqu'à 10 et s'éleva jusqu'à 13. J'entends le rapport réel et commercial, non pas un rapport imaginaire comme celui qui est donné dans quelques tableaux, d'après ces prix fantaisistes du métal dont j'ai parlé plus haut, qui n'ont jamais été effectivement acceptés, et qui font varier la proportion de 17 en 1310 à 2 et demi en 1355.

Chaque fois que l'un des deux métaux montait, par rapport à l'autre, on évaluait celui qui faisait prime en un plus grand nombre de livres : si, le marc d'argent valant 5 livres et le marc d'or 60, au rapport de *1 à 12*, l'argent devenait tout à coup plus abondant, son prix moindre par conséquent, et que l'opinion voulût établir le rapport de *1 à 13*, on cotait le marc d'or 65 livres au lieu de 60. Si, quelque temps après, c'était l'or qui baissait à son tour, et ne valait plus que 11 fois l'argent au lieu de 13, pour obtenir cette proportion nouvelle, on cotait l'argent à 6 livres au lieu de 5. Mais toujours c'était *par une élévation nominale* en livres-monnaie que se manifestait le changement de rapport des deux métaux. On ne réduisait jamais le prix, exprimé en livres, du métal qui baissait, on augmentait le prix de l'autre. Aujourd'hui où l'argent vaut *légalement* 222 francs le kilogramme et l'or 3,441 fr., nous disons, pour évaluer une baisse de 20 pour 100 de l'argent, qu'il ne vaut plus que 178 francs ; tandis que nos pères auraient dit que l'or vaut 4,130 francs. L'élasticité d'une monnaie de compte, qui n'était ni en or, ni en argent, facilitait singulièrement cette manière d'agir.

On devine que, maintes et maintes fois répétées, dans le cours de six siècles, ces hausses et ces baisses des deux métaux, qui dépréciaient inévitablement la livre, aient fini par la réduire à peu de chose. D'autant plus que, lorsque le fait se produisait, les gouvernements ne manquaient pas d'intervenir, et accentuaient encore la baisse de ladite livre, sans le vouloir. Les gouvernements d'autrefois croyaient « dur comme fer, » selon la locution populaire, qu'il existait entre l'or et l'argent un « juste rapport ; » — on n'ose trop leur jeter la pierre à cet égard, les gouvernements modernes l'ont cru très longtemps, et il existe peut-être des hommes d'État qui le croient encore. — Partant, les plus honnêtes estimaient avoir le droit, et même le devoir de maintenir ce rapport, puisqu'il était « juste. » Quand l'un des deux métaux renchérissait, bien vite des édits, ordonnances ou déclarations solennelles commençaient par lui enjoindre de reprendre son ancien prix ; à quoi naturellement il n'avait garde d'obtempérer. Désespérant de vaincre cette résistance et de faire rentrer dans l'ordre cette marchandise rebelle, impuissant contre ce « cours abusif, » comme il le nommait, l'État essayait souvent de rétablir le rapport auquel il tenait, en élevant le prix du métal qui restait stationnaire.

Mais l'élévation *légale* de ce dernier était immédiatement suivie d'une augmentation *commerciale* correspondante de l'autre. La lutte s'engageait entre le pouvoir qui courait après son « juste rapport, » avec une persévérance tout à fait bouffonne, et le public qui voulait précisément changer ce rapport. Les prix du marc d'or et du marc d'argent montaient alternativement, jusqu'à ce que le souverain et ses ministres, vaincus par la force des choses, battissent en retraite. Un exemple mémorable des conflits de ce genre, où naturellement le commerce eut le dernier mot, nous est fourni par l'histoire monétaire du règne de Louis XIII, durant lequel le rapport entre l'or et l'argent, qui était en 1602 de 11.87, s'éleva à 14.76 en 1640.

Pour la réduction de l'ancienne livre tournois en francs, il est préférable de se fonder exclusivement sur le prix comparé de l'argent autrefois et aujourd'hui, plutôt que de prendre, comme point de départ, le prix de l'or, ou un prix combiné de la valeur de l'or et de l'argent de jadis avec celui de l'or et de l'argent d'à présent. La livre, bien qu'elle ne fût ni en or ni en argent, signifiait implicitement de l'argent, parce qu'elle ne s'échangeait *au pair* que contre de l'argent. Pour avoir des espèces d'or en échange d'espèces d'argent, on payait constamment un change très élevé, qui augmente d'autant, par la plus-value donnée à l'or, la distance marchande des deux métaux monnayés.

Quand même d'ailleurs il serait vrai que l'on ait eu jadis un gramme d'or pour 12 grammes d'argent, au lieu de 15 et demi que l'on en doit donner aujourd'hui, la substitution incessante d'un métal à l'autre, dans la même bourse, fait que, le rapport inverse étant également vrai, le gramme d'argent d'autrefois ne vaut intrinsèquement ni plus ni moins que le gramme d'argent d'aujourd'hui, puisque nos lois définissent le franc : « quatre grammes et demi d'argent fin. »

D'ailleurs, les prix respectifs de l'or et de l'argent, comme ceux de toute autre marchandise, ne dépendent pas seulement de leur abondance plus ou moins grande, mais de l'usage plus ou moins grand qui en est fait. Croire que l'or était moins cher autrefois, parce qu'il était moins rare, serait une erreur. En voici la preuve : on évalue le stock de métaux précieux en Europe, au commencement du XVIe siècle, à 87,000 kilogrammes d'or et 3,150,000 kilogrammes d'argent. Il y aurait donc eu, en l'an 1500, *36 fois plus d'argent que d'or*. Il y a une vingtaine d'années on calculait qu'il avait été extrait, depuis trois siècles et demi, tant dans l'ancien continent que dans le nouveau, 132,500,000 kilogrammes d'argent contre 4,100,000 kilogrammes d'or. Il n'y aurait donc actuellement, sur le globe, que *32 fois plus d'argent que d'or* ; et cependant l'or ne valait en 1500 que 11 fois et demi l'argent, tandis qu'il vaut en 1892 15 lois et demi plus, légalement, et 18 lois plus commercialement. Il est à la fois plus abondant et plus cher.

Et ce phénomène serait rendu plus sensible encore si l'on pouvait savoir combien, sur ces masses métalliques de 1500 et de 1892, il y a de kilogrammes employés aux usages domestiques, et combien il y en a de monnayés. L'on verrait que, par suite de l'accroissement du bien-être des classes moyennes, une bonne quantité d'argent a passé en cuillers et en fourchettes, en montres, en anneaux, etc., et que les proportions respectives de l'or à l'argent : 1 à 36 en 1500,

1 à 32 en 1892, sont plus favorables même à l'argent qu'elles ne le paraissent. Il n'y a peut-être pas, en effet, le tiers de l'argent, extrait des mines, à exister sous forme de numéraire ; par suite, la proportion de la monnaie d'argent, par rapport à la monnaie d'or, est beaucoup moindre qu'au moyen âge.

Le simple bon sens, au surplus, ne suffit-il pas à le faire concevoir, et est-il besoin d'une statistique ? La diminution seule du pouvoir de l'argent l'a rendu incommode, et impropre à une foule d'usages auxquels il suffisait jadis. Le même objet que l'on avait en 1400, en 1500, pour 1,000 grammes d'argent équivaut aujourd'hui à 5,000 ou 6,000. On pouvait porter 1 kilogramme dans sa poche, et 5 ou 6 kilogrammes dans sa valise ; on répugne à porter 5 ou 6 kilogrammes d'argent dans sa poche et 25 ou 30 dans sa valise. Et je crois que l'argent aurait baissé bien davantage encore en notre siècle, par rapport à l'or, si l'on n'avait pas inventé le billet de banque, qui, s'appliquant aux deux métaux, atténue les défauts encombrants de l'un d'eux. Cet encombrement n'existait pas jadis ; il fallait si peu de métal pour tant de choses ! La comparaison seule du grand nombre des paiements qui devaient se faire en argent, avec le petit nombre des paiements qui pouvaient se faire en or, suffit à faire prendre le premier, plutôt que le second métal, pour base des prix de la livre-monnaie.

Il nous reste à examiner les conséquences de la dépréciation de la livre pour la fortune mobilière. Elles ont été immenses. La fortune mobilière est la grande victime du passé. J'ignore quel sort lui est réservé dans l'avenir ; il ne pourra vraisemblablement être pire. C'est un fait, à la vérité, que nul n'ignore, mais le résultat de cette étude est de le mettre plus complètement en lumière. Ce genre de fortune a été atteint en France de trois façons : par la diminution du pouvoir de l'argent, par l'avilissement de la livre-monnaie, par la baisse du taux de l'intérêt. Et ces trois fléaux des capitalistes du moyen âge ont réduit leur bien à peu près à rien. Nous avons vu deux de ces causes, nous allons voir la troisième.

La conclusion qui en découle, c'est qu'il n'y a pas dans notre pays, — la perte a été moins rude dans certains autres, puisque la livre anglaise valait encore 25 francs en 1789, tandis que la nôtre était tombée à 0 fr. 90, — *un seul rentier qui date de plusieurs siècles*. Les rentiers du temps de saint Louis, ceux du temps des

II. LES MONNAIES ET LE TAUX DE L'INTÉRÊT

guerres anglaises, ceux du temps de François Ier, sont tous plus ou moins réduits à la misère. Par la force seule des choses, ils ont été lentement et irrémissiblement dépouillés. Toutes les fortunes mobilières sont récentes, et ont pour origine le travail et l'industrie de leurs propriétaires actuels, ou des pères, grands-pères et *tout au plus* des arrière-grands-pères de leurs propriétaires actuels.

V

Un capital de 1,000 livres qui valait 22,000 francs en 1200, n'en valait plus intrinsèquement que 16,000 en 1300, 7,530 en 1400, 4,640 en 1500, et était tombé en 1600 à 2,570 francs. Il allait encore être réduit dans les temps modernes. Ces 1,000 livres qui valaient, en 1600, 2,570 francs baissèrent en 1650 à 1,820 francs ; en 1700, elles ne faisaient plus que 1,480 francs, en 1717 que 1,220 francs et en 1789 que 900 francs.

On ne peut s'empêcher de sourire quand on voit les colongers de Marmoutiers payer, au XVIIIe siècle, un denier de fermage par acre de terre, absolument le même prix qu'au temps de Charlemagne, où la livre valait *intrinsèquement* 81 francs de notre monnaie, et avait un pouvoir d'achat neuf fois plus grand ; ce qui donne pour ce denier, représentant humblement sous Louis XVI les trois quarts d'un de nos centimes, une valeur *relative* de 3 fr. en l'an 800.

Plusieurs ordonnances avaient stipulé que, lorsqu'il y aurait un changement dans les monnaies, le débiteur devait payer le poids d'argent qu'il s'était engagé à compter le jour du contrat, sans avoir égard à la quantité de pièces. Jamais ces ordonnances ne furent observées, ni pour les cens, ni pour les rentes foncières, ni pour aucun autre revenu ; la diminution se faisant graduellement, d'une manière presque insensible, sou à sou, les générations se succédaient sans pouvoir, sans songer peut-être, à protester contre une décroissance qui s'imposait à eux, sous l'aspect d'une inéluctable fatalité. Le seigneur d'Allan (Dauphiné) percevait en 1443, sur chaque possesseur de troupeaux, la redevance d'un fromage, estimé en argent 6 deniers la livre. En 1626, le parlement décida que chacun de ces deniers du XVe siècle en représentait 4 du moment présent. Les tenanciers trouvaient encore leur compte à se libérer en numéraire, plutôt qu'en nature, puisque le fromage dont ils étaient redevables valait en 1626 six sous et non pas deux. Mais de semblables décisions judiciaires sont tellement rares, — je n'en ai pour ma part rencontré aucune autre, — que la dépossession, résultant pour les capitalistes de l'avilissement de la livre de compte, peut être considérée comme générale et absolue.

Ces droits féodaux, que des précautions minutieuses semblaient devoir maintenir, furent anéantis par ces précautions mêmes. On avait établi, pour le cas où le censitaire ne pourrait accomplir tel ou tel travail en personne, un rachat en argent qui, au début, a dû être égal, voire supérieur, à la valeur du travail. On dit, par exemple, qu'il devra « faire une journée de fauche *de son corps*, ou payer 12 deniers, » parce qu'alors la journée du faucheur valait 12 deniers au plus. Quand elle valut douze ou quinze sous, tout le monde se racheta, et le seigneur fut, qu'on me passe l'expression, *floué* sans aucun remède. Les mêmes causes qui, jusqu'à Henri IV, avaient amené cet avilissement de la livre, à savoir le changement de valeur des deux métaux par rapport l'un à l'autre, et l'intervention de l'État dans les monnaies, continuèrent d'agir de 1600 à 1800.

En recherchant, d'après les rares documents dont on dispose, la proportion respective des deux métaux dans la circulation, on voit qu'en 1640, à l'époque où furent refondus les anciens écus et fabriqués les premiers louis, il pouvait y avoir en France 300 millions de francs d'or et 750 millions de francs d'argent. Cette masse métallique dut aller en augmentant durant tout le XVIIe siècle, puisque le pouvoir des métaux précieux alla sans cesse en diminuant. Au XVIIIe siècle, de 1726, où fut ordonnée une refonte générale des espèces, jusqu'à 1789, il fut frappé pour 967 millions d'or et pour 1,956 millions d'argent. Il y avait seulement, à cette dernière date, deux fois plus d'argent que d'or, et non deux fois et demie plus, comme à l'avènement de Louis XIV. En 1640, l'argent équivaut à environ 72 pour 100 de la masse des monnaies, l'or à 28 pour 100. En 1789, l'argent ne correspond plus qu'à 66 pour 100 et l'or à 33 pour 100. Quoique plus abondant, l'or est cependant plus cher, puisqu'il vaut 15 fois 1/2 l'argent, au lieu de 14.75, comme en 1640.

Le mouvement s'est bien plus fortement accentué en notre siècle : dans l'union latine, dont la France fait partie, l'argent représente seulement 44 et l'or 56 pour 100 du numéraire. Il est une période de l'histoire pratique des monnaies, sur laquelle le lecteur serait en droit d'attendre de nous des renseignements nouveaux, c'est celle qu'embrasse le système de Law. Tout le monde a entendu dire qu'à cette époque les prix furent bouleversés, que ceux des immeubles montèrent au quintuple, que le numéraire avait perdu non-seulement son pouvoir d'achat, mais aussi sa valeur nominale. En effet, les tables de M. de Wailly et de Leber nous apprennent que, par suite du « système, » la livre-monnaie, convertie en francs de 4 grammes 1/2 d'argent fin, d'après les cours officiels du marc, aurait valu, de 1718 à 1724, 0 fr. 70 à 0 fr. 32 seulement.

Or cela n'est vrai que dans une imperceptible mesure, en dehors de la rue Quincampoix, du Palais-Royal, des boutiques et des salons de quelques spéculateurs, qui édifiaient ce veau d'or en papier, le dépeçaient ou dansaient autour. Cette colossale mystification du « système, » le plus fameux de tous les *krachs* de bourse, dont les auteurs étaient à moitié dupes, comme toujours, n'a pas eu les conséquences économiques que l'on serait porté à s'imaginer. Aventure sans lendemain, elle ne produisit pas, même aux heures de son court triomphe, tous les résultats que l'histoire nous décrit. Les prix, exprimés en livres, sous et deniers, *n'ont pas varié dans les provinces, ni même pour ainsi dire dans la capitale.*

On a la preuve que les plus minces bourgs connaissaient, aux extrémités du royaume, ne fût-ce que par les édits et les arrêts du conseil d'État, la situation monétaire, le cours des billets de la Banque générale, la dépréciation des espèces d'or et d'argent ; mais, comme faisait le peuple du moyen âge, durant les altérations de Philippe le Bel et de Jean le Bon, les sujets de Louis XV laissaient aux agioteurs parisiens et aux fonctionnaires les cours officiels du marc d'or et d'argent. Ils continuaient à donner à la livre de compte la même valeur, ou à peu près, de 1718 à 1722, que dans les dernières années du règne précédent.

De telle sorte que, si l'on adoptait les cours officiels, si l'on donnait à la livre de ce temps une valeur moyenne entre 0 fr. 82 et 0 fr. 70, bien loin de constater la hausse des prix que plusieurs historiens de Law nous assurent avoir eu lieu, on se trouverait en présence d'une baisse énorme et tout à fait inexplicable. Dire que l'on ne trouverait pas des prix exprimés en livres d'agio, en « livres de bourse » (pour les appeler d'un nom qui leur convienne), livres dont la valeur n'était que de moitié ou du tiers des livres usuelles et commerciales, ce serait absurde ; la différence seule des prix ainsi établis, avec ceux qui les environnent, montre qu'ils ne sont pas formés de la même monnaie. Ils sont toutefois trop peu nombreux pour détruire la règle que je viens d'exposer, et qui a présidé, de 1718 à 1725, aux marchés conclus par les Français entre eux. La baisse effective de la monnaie n'eut lieu qu'en 1726, lors de la refonte des espèces ; la diminution de ces espèces décriées infligea alors aux particuliers et aux établissements publics une perte réelle, mais très amoindrie par l'état d'éparpillement où elles se trouvaient, dans tant de poches et de coffres-forts.[1]

VI

Ainsi que nous l'avons déjà constaté, le pouvoir de l'argent sur lui-même, dont le taux de l'intérêt, c'est-à-dire le loyer de l'argent, est le critérium, n'a pas subi jadis les fluctuations du pouvoir général de l'argent sur les marchandises. Le taux de l'intérêt est demeuré stationnaire, depuis le commencement du XIIIe siècle jusqu'à la fin du XIVe, tandis que le pouvoir de l'argent diminuait. Il n'a pas bougé davantage lorsque ce pouvoir s'est mis à hausser au XVe siècle ; au contraire, le loyer de l'argent a fortement baissé vers 1480, à une époque où l'argent, évalué en marchandises, était plus cher qu'il n'avait jamais été depuis quatre cents ans.

Un second fait, non moins frappant, c'est la très grande différence qui existe au moyen âge entre le taux d'intérêt des valeurs mobilières et celui des biens-immeubles ou assimilés. L'un dépasse 20 pour 100, l'autre atteint à peine 10 pour 100 dans les campagnes et moins encore dans les villes. Je parle ici de la période antérieure à 1475 ; car, à partir de cette date, le taux de l'intérêt des prêts mobiliers dégringola de 20 pour 100 à 15, 12, 10 et 8 pour 100,

[1] La livre tournois valut en moyenne :

De 1602 à 1614	2 fr. 39	De 1643 à 1650	1 fr. 82	De 1701 à 1725	1 fr. 22
1615 à 1635	2 fr. 08	1651 à 1675	1 fr. 63	1726 à 1758	0 fr. 95
1636 à 1642	1 fr. 84	1676 à 1700	1 fr. 48	1759 à 1790	0 fr. 90

où il avait même de la peine à se maintenir au début du XVIIe siècle ; tandis que le revenu des terres s'abaissait seulement, durant le même temps, à 7 et 6 pour 100. Après avoir été beaucoup plus éloignés l'un de l'autre qu'ils ne le sont de nos jours, ces deux revenus en vinrent à se rapprocher aussi beaucoup plus qu'ils ne font dans l'époque moderne, qu'ils ne faisaient surtout il y a une quinzaine d'années.

Les causes de ces phénomènes économiques sont aisées à saisir. Il est bien vrai que le loyer de l'argent dépend de l'offre et de la demande, comme le prix de toute chose au monde ; mais l'offre et la demande « d'argent à louer, » — autrement dit le taux de l'intérêt, — n'obéissent pas aux mêmes lois que l'offre et la demande « d'argent à acheter, » que le prix de la vie (puisque vendre des marchandises, c'est acheter de l'argent).

Si le rapport entre « l'argent à louer » et « l'argent à vendre » était constant et absolu, le taux de l'intérêt serait toujours bas quand les marchandises sont chères, dans le cas, bien entendu, où la cherté des marchandises ne proviendrait pas de leur rareté, mais de l'abondance de l'argent. Or s'il en a souvent été ainsi, on a parfois aussi vu le contraire ; d'où l'on peut conclure qu'il n'y a aucune connexité entre ces deux faits. C'est que l'argent à vendre et l'argent à louer ne répondent pas aux mêmes usages, aux mêmes besoins. Nous avons recherché, dans un précédent travail, ce qui faisait augmenter ou diminuer la puissance d'achat de l'argent, venant sur le marché pour y être vendu, par conséquent, échangé définitivement contre un autre produit.

L'argent que l'on veut seulement prêter, pour en retirer un loyer annuel, ne subit pas les mêmes influences. L'offre d'argent à prêter vient de l'épargne accumulée, des capitaux disponibles ; la demande d'argent à emprunter vient du commerce, des entreprises industrielles. Il semble à première vue qu'en comparant, aux temps féodaux et de nos jours, d'une part la masse d'argent à placer, le métal errant, en quête d'emploi, d'autre part, les besoins du commerce et de l'industrie, le taux de l'intérêt aurait dû être autrefois beaucoup plus bas qu'il n'était : en admettant que la somme des capitaux ait été beaucoup moindre, au XIVe siècle, qu'elle ne l'est de nos jours, le besoin de ces capitaux a dû être encore moins grand que la masse n'en était petite.

Georges d'Avenel

Seulement l'intérêt des prêts purement mobiliers n'était pas alors à un taux normal ; il ne résultait pas de la libre concurrence des prêteurs et des emprunteurs. La législation, les mœurs surtout, ont joué dans le prix du loyer de l'argent un rôle dont il faut tenir compte. Si les mœurs et les lois ont eu et auront toujours une action réciproque les unes sur les autres, les premières sont incontestablement beaucoup plus puissantes que les secondes ; nous venons d'en avoir une nouvelle preuve à propos des altérations de monnaies. Mais, en fait de prêt à intérêt, d'usure, — les deux mots alors étaient synonymes, — les mœurs étaient d'accord avec les lois pour le réprouver. La faute en est-elle à l'Église catholique, dont les docteurs et les papes portent généralement, devant l'histoire, la responsabilité du discrédit où demeurait le commerce de l'argent ? — L'Evangile pourtant, dans sa parabole des cinq talents qui en ont rapporté cinq autres, recommande comme un modèle l'exemple de deux trésoriers qui plaçaient l'argent de leur maître à 100 pour 100. — Ces papes et ces docteurs n'auraient-ils fait eux-mêmes que partager l'erreur commune de leur temps, l'idée fausse que l'on avait, bien avant l'institution du christianisme, sur « l'argent issu de l'argent » qu'Aristote estimait un profit *contre nature* ? Chacune de ces hypothèses est sans doute partiellement vraie. Toujours est-il que, par une aberration singulière, les mêmes gens qui trouvaient très naturel de louer leurs terres ou leurs maisons, trouvaient dégradant de louer leur argent ; qu'à cette époque de servage, où la personne humaine, susceptible de vente et d'achat, était considérée comme une marchandise, dont le possesseur, clerc ou laïque, surveillait très strictement et s'appropriait, en toute sûreté de conscience, l'accroissement par reproduction, l'or et l'argent, — ou même le blé, car le prêt des denrées était aussi mal vu que le prêt des métaux, — n'étaient pas regardés comme pouvant à bon droit se reproduire par la location.

On n'oserait se montrer trop sévère pour ces excentricités de la raison des aïeux, parce que nos descendants trouveront encore matière à rire dans beaucoup de nos idées actuelles qui nous paraissent les plus respectables, que beaucoup de professions sont décriées ou vénérées qui, dans deux ou trois siècles sans doute, ne le seront plus. N'oublions pas qu'il y a fort peu de temps qu'un chirurgien est l'égal d'un médecin, fort peu de temps aussi que les artistes dramatiques jouissent du droit commun des chrétiens et des citoyens, et que les marchands d'esclaves n'en jouissent plus, qu'un agent de la police criminelle, qui maintient l'ordre social en pourchassant, au péril de sa vie, ceux qui tendent à le troubler, est infiniment plus bas placé dans l'estime publique qu'un huissier ou un avoué qui rendent de moindres services. La carrière industrielle, même depuis 1789 où elle ne fait plus déroger personne, continue à être en France, dans certaines classes éclairées, moins prisée que le métier militaire, quoique ce dernier offre beaucoup moins de danger, dans les longues périodes de paix qui ont été l'honneur de notre siècle, que vingt professions très périlleuses et plus utiles à l'humanité.

Ces opinions et bien d'autres, vestiges du moyen âge, nous aident à comprendre comment le rôle de prêteur d'argent a pu être regardé, durant de longs siècles, comme une occupation avilissante pour ceux qui l'exerçaient habituellement, ou qui, indirectement, par l'octroi de leurs capitaux, y participaient.

De là l'extrême rareté des prêteurs, la mauvaise organisation du prêt et le taux inouï de l'intérêt, conséquences naturelles de l'absence de concurrence et du défaut de sécurité. On connaît la législation spéciale et incohérente appliquée, pendant quatre cents ans, par les divers princes de l'Europe, aux tristes banquiers de leurs États, juifs et Lombards, traités tantôt comme des vaches à lait, qu'on nourrit à discrétion pour qu'elles rendent davantage, tantôt comme des ennemis de l'ordre public, que l'on rançonne et que l'on détruit.

Tolérés, expulsés, rappelés, ces instruments odieux et nécessaires du crédit demeurent dans le monde civilisé, du XIIe au XVIe siècle, comme des oiseaux à demi sauvages sur des branches à moitié pourries, vont, viennent, dressent ou replient leurs bancs ou leurs tables sur les places des villes, ouvrent ou ferment leurs échoppes, selon les besoins ou les caprices des potentats ou des foules. Philippe-Auguste leur permet le prêt à raison de 10 pour 100 l'an ; Philippe le Bel (1312) fixe le taux de l'intérêt à 15 pour 100, pour les affaires traitées en foire, et à 20 pour 100 pour les opérations ordinaires. Louis le Hutin l'autorise, quelques années plus tard, jusqu'à 260 pour 100 (un sou pour livre par semaine), mais pas davantage ; « car, disait-il dans son ordonnance, notre volonté n'est mie qu'ils puissent prêter à usure. »

Ce monarque était trop bon ; il laissait à l'intérêt légal une marge dont celui-ci n'avait pas besoin. Il n'existe pas d'emprunts faits à 260 pour 100, même parmi les emprunts « à la petite semaine. » Une pauvre serve de Troyes, débitrice, en 1388, d'une somme de 25 sous, pour laquelle elle a mis en gage sa meilleure « cotte, » paie 2 deniers pour livre par semaine, soit sur le pied de 47 pour 100 par an pendant les quatre mois que dure sa dette. C'est là du moins le taux le plus élevé que j'aie remarqué ; bien que plus tard, à Grenoble, le conseil communal demande que l'on exerce des poursuites contre les usuriers « qui exigent un intérêt de 100 pour 100. » Mais il peut y avoir là une de ces exagérations de langage comme les assemblées délibérantes d'autrefois ne craignaient pas d'en commettre.

L'intérêt *mobilier* a varié en France, au moyen âge, autant qu'on en peut juger par un très grand nombre d'exemples choisis dans beaucoup de provinces, de 45 à 10 pour 100. En moyenne, il oscille entre 20 et 25 pour 100, mais plus près de 20 que de 25. Il y a pourtant d'assez grandes différences entre les divers pays, selon le degré de civilisation où ils sont parvenus, et la prospérité relative dont ils jouissent.

L'empereur Louis de Bavière accorde, en 1338, aux bourgeois de Francfort, « par privilège spécial, » que les emprunts faits par eux ne pourront plus être qu'à 32 pour 100 ; tandis que les juifs, traitant avec les étrangers, pourront prendre 43 pour 100. Les juifs réclament à Francfort 22 pour 100 en 1491, et jusqu'au xviii6 siècle, dans le Brandebourg, on leur permit de prendre 24 pour 100. A Strasbourg, au contraire, centre riche et populeux, sous une administration intelligente, le taux de l'intérêt avait prodigieusement diminué dès le XVe siècle, alors que dans la France, ruinée et défigurée par la guerre, il conservait ses hauts cours.

En Italie, où Vérone fixait le taux légal à 12 1/2 (1228), et Modène à 20 pour 100 (1270), ces règles n'avaient été que médiocrement observées ; puisque les Florentins, pour réduire l'usure, appelaient, en 1430, dans leur ville les juifs, qui s'engageaient à n'exiger que 20 pour 100. L'établissement, dans la péninsule, des *monti*, ou banques communales, contribua à la baisse du taux. C'est à ces *monti* italiens, au principe qu'ils posaient, et aux imitations dont ils furent l'objet, c'est-à-dire, en résumé, à l'acclimatation, à la légitimation du prêt à intérêt, qu'est dû le développement du crédit au XVIe siècle. Certes, l'affluence des métaux précieux favorisa cette amélioration ; mais on en constate les premiers symptômes avant que l'or et l'argent d'Amérique n'aient fait leur apparition dans le vieux monde, et on les constate dans le Midi plutôt que dans le Nord.

Dès 1505 il se fait dans le Comtat-Venaissin des constitutions de rentes à 7 pour 100, tandis que dans les Flandres une ordonnance du gouverneur prenait encore la peine, en 1544, de réduire le taux officiel à 12 pour 100, et n'était pas observée. A Paris, sous Louis XII, quand le roi voulait amortir les rentes dues par lui à des particuliers, il les capitalisait « au denier 12 » — 8.33 pour 100. — C'est au même taux de 8 pour 100 que fut émis, en 1522, un emprunt d'État qui est regardé comme l'origine de la dette publique. Il est vrai que cet emprunt fut un peu forcé, et qu'il fallut « user de contrainte envers les principaux bourgeois et notables. » Mais la banque de Lyon, établie en 1543 par François Ier, ne payait à ses déposants que 8 pour 100 d'intérêt ; le taux des créances chirographaires privées, constaté sur tout le territoire dans les registres des tabellions, n'excède pas cette proportion ; et les villes, pour leurs emprunts municipaux à la fin du XVIe siècle, obtenaient le même taux et même des taux inférieurs.

La législation civile se modifiait alors insensiblement, et les foudres religieuses contre le prêt à intérêt perdaient de leur rigueur. *Officiellement*, la doctrine de l'Église romaine demeura immobile ; Innocent XI et Benoît XIV se crurent obligés de faire, aux XVIIe et XVIIIe siècles, de nouvelles et solennelles professions des théories de la scolastique ; mais les théologiens y introduisirent tant de distinctions, y ménagèrent de si larges brèches, que toutes les formes de prêts furent dès lors autorisées *en pratique*. Le jour où l'on reconnut qu'il y avait matière à intérêt légitime, si le prêt comportait pour le prêteur un a gain cessant, » un « dommage naissant, » un « péril du capital, » selon les expressions des casuistes, comme tous les prêts imaginables rentrent nécessairement dans un de ces trois cas, la prohibition n'exista plus que sur le papier.

La tolérance de l'intérêt eut pour premier résultat celui de faire cesser l'*usure*, ou l'intérêt excessif, selon le sens dans lequel nous prenons aujourd'hui ce mot. Il est probable, bien que ce ne soit là qu'une hypothèse, que la facilité nouvelle de consentir des emprunts aurait occasionné une baisse du taux de l'intérêt, aux XVIe et XVIIe siècles, plus grande encore que celle qui se produisit, si la situation matérielle de l'Europe n'avait pas changé depuis les âges antérieurs, c'est-à-dire si le besoin de capitaux disponibles ne s'était pas extrêmement développé par l'extension de l'industrie et du commerce.

Les tribunaux, surtout dans le Midi, se montraient aussi beaucoup plus favorables au droit des créanciers qu'ils n'avaient fait jusqu'alors. Dans le ressort du parlement de Bordeaux, on ne pouvait exiger d'intérêts pour argent prêté, quand bien même on les eût stipulés dans le contrat ; mais le débiteur pouvait les payer, si bon lui semblait, et, une fois payés, ils ne pouvaient plus être « répétés. » Au nord de la France, à Paris notamment, où la prohibition de l'intérêt subsistait presque entière dans les textes, la jurisprudence donnait au capitaliste, par des combinaisons de procédure, le moyen de sauvegarder ses titres et améliorait, en diminuant les risques du prêteur, les conditions faites à l'emprunteur.

VII

Si la location de l'argent, l'intérêt mobilier, était, au moyen âge, un délit aux yeux de la loi, un péché aux yeux de l'Église, il en allait tout autrement de l'intérêt immobilier, de la location des terres ou des maisons. Celle-ci était parfaitement admise et respectable.

Aussi se fait-elle à un taux beaucoup plus bas. D'après les documents contenus dans le cartulaire de Notre-Dame de Paris, M. Guérard l'a évalué à 7 1/2 pour 100 au XIIIe siècle. Ce chiffre ne concorde pas avec la moyenne que l'on peut tirer des archives de l'Hôtel-Dieu et autres hôpitaux de Paris, grands propriétaires dans la capitale et aux environs. Le taux indiqué par M. Guérard peut être admis pour les immeubles urbains, non pour les revenus ruraux. Si l'on sépare les premiers des seconds, on remarque que le *quantum* de la rente est plus élevé à la campagne que dans les villes. Je l'évalue, en ce qui me concerne, à 8 pour 100 pour les maisons et à 10 pour 100 pour les terres.

Cette proportion, si contraire à ce qui existe de nos jours, où les maisons de Paris rapportent toujours plus que les fermes et les domaines des champs, a sans doute sa raison d'être dans ce fait que la sécurité était beaucoup plus grande, du XIIIe au XVIe siècle, dans les villes fermées que dans les campagnes. Celles-ci, ouvertes à toutes les invasions, et affectées par tant de troubles qui n'atteignent pas les biens abrités derrière des remparts, ont dû éprouver de ce chef la moins-value que j'ai constatée.

Urbains ou ruraux, les revenus des immeubles de jadis étaient en partie mobilisés par l'institution des *rentes foncières*. La création de ces sortes de rentes, devenues avec le temps de véritables valeurs mobilières, avait été dans l'origine une simple vente. C'est donc à tort qu'on l'a parfois comparée à l'hypothèque moderne, avec laquelle elle n'a rien de commun. Le propriétaire actuel, qui hypothèque son bien, contracte un emprunt dont ce bien sera le gage. Il garde ce bien, et possède en outre un capital dont il sert la rente. C'était le contraire autrefois. Le propriétaire qui constituait une rente foncière sur sa terre ou sa maison ne recevait aucun capital ; de plus, il abandonnait sa maison ou sa terre, il en transférait la possession et la jouissance à un tiers, qui s'obligeait à lui payer en retour un revenu annuel immuable. *Hypothéquer*, c'est emprunter, tandis que constituer une rente, c'était prêter. Et le prêt étant le plus souvent irrévocable, puisque le prêteur ne pouvait pas plus se faire rendre son immeuble que l'emprunteur ne pouvait l'obliger à le reprendre, la constitution d'une rente foncière a tous les caractères d'une aliénation complète, faite moyennant un intérêt perpétuel, au lieu de l'être moyennant une somme une fois payée. Quelquefois le prêteur, ou vendeur, comme on voudra l'appeler, se réservait le droit de réméré. La rente, en ce cas, était dite rachetable.

Cette clause ne paraît pas influer sur le taux d'intérêt des unes et des autres. Les immeubles se capitalisent, du XIIIe au XVe siècle, jusqu'à Louis XI, sur le pied du « denier 10 » — 10 pour 100, — à la campagne, et en ville, du a denier 12, » — 8.33 pour 100 ; — car le marché des rentes foncières servait de régulateur aux fermages et aux loyers. D'ailleurs, il existait alors très peu de « loyers » et de

« fermages, » si l'on prend ces mots dans leur acception moderne ; le locataire ou le fermier trouvant un avantage inestimable à devenir lui-même possesseur de la maison qu'il habitait, ou de la terre qu'il cultivait, sans débourser aucun capital et en s'engageant seulement à payer la rente de leur valeur. Les chiffres de 8 et 10 pour 100 n'étant que des moyennes, il serait aisé de citer des taux très supérieurs ou très inférieurs, des rentes vendues sur le pied de 5, de 4, de 3 1/2 pour 100, tandis qu'on rencontre des cens négociés à 12, 15, 20 pour 100, selon le crédit de l'emprunteur et la solidité du gage. De pareils écarts se retrouvent sur toute la surface de la France.

Si le taux des rentes foncières peut être évalué chez nous, entre les années 1200 et 1475, à 10 et 8 pour 100, selon que l'immeuble sur lequel elles reposent est situé en plein champ ou dans une enceinte fortifiée, on remarque que ce taux a une tendance marquée à s'élever au XVe siècle. Sans prétendre donner un chiffre positif, j'estime que ces moyennes sont à peine atteintes de 1300 à 1380, tandis qu'elles sont plutôt dépassées de 1380 à 1450. A cela rien d'extraordinaire : tant de maisons, dans cette dernière période, étaient inhabitées et tombaient en ruines, tant de labours étaient incultes, que bien des rentes furent alors mal ou point payées, et, la valeur vénale des immeubles ayant subi une dépréciation correspondante à celle du revenu, le créancier de la rente n'avait aucun avantage à évincer le débiteur, pour rentrer en possession d'un immeuble qui n'aurait peut-être trouvé ni acheteur ni fermier. Il patientait donc ; mais les revenus de ce genre eurent le sort de toute valeur qui devient moins sûre, elle fut capitalisée moins haut.

En Alsace, où régnaient la paix et l'abondance, le taux de l'intérêt foncier tomba, de 1360 à 1380, à 8 ou 8 1/2 pour 100, de 1380 à 1400, il s'abaissa jusqu'à 6 1/2 ; et, dès les premières années du XVe siècle, le taux de 5 pour 100 y domine. En France, cette heureuse révolution ne se fit que cent ans plus tard. Je ne m'occupe pas ici du taux légal ; il ne faut jamais, en semblable matière, se fier aux règlements des pouvoirs publics, qui sont généralement en deçà ou au-delà de la vérité. Ainsi l'intérêt des rentes constituées ne fut abaissé officiellement à 8.33 pour 100 qu'en 1567 ; mais ce taux, auquel effectivement le clergé empruntait, était déjà en usage depuis les premières années du XVIe siècle, et il descendit sous le règne d'Henri III, pour les placements solides, jusqu'à 7 et 6 1/2. Le commerce des rentes foncières constitua, au moyen âge, une vaste et perpétuelle spéculation, tout à fait indépendante des transactions dont les immeubles eux-mêmes étaient l'objet. Ce propriétaire, que nous avons vu vendre sa terre pour un revenu, pouvait transférer ce revenu, à titre gratuit ou onéreux, le morceler même à l'infini. Cette rente, passant de main en main, devint ainsi une valeur très mobile, autant et plus que peuvent l'être les obligations d'une compagnie de chemin de fer de nos jours. C'est par milliers, par dizaines de milliers, que chaque année l'on vendait et l'on achetait, en France, des parcelles de rente dont le prix n'était souvent que de quelques sous.

Au début, la rente foncière représentait assez exactement le revenu du sol, ou le loyer de la maison, sur qui elle reposait. Elle ne pouvait valoir plus, puisque personne ne l'aurait achetée, ni valoir moins, puisque personne ne l'aurait constituée à perte. Mais par le seul mouvement de la fortune publique, par la hausse des terres, par la dépréciation de la livre-monnaie, la rente en vint au XVIe siècle, et surtout au XVIIe, à ne plus représenter que le quart, le dixième, le cinquantième parfois du revenu.

Quand aucune clause de réméré n'avait été introduite dans le pacte primitif, — et c'était le cas des 99 centièmes des rentes créées, — la plus-value profitait exclusivement aux détenteurs du fonds, qui n'étaient tenus à autre chose qu'au paiement d'une rente annuelle, devenue, avec le temps, dérisoire. Dans les cas où le droit de rachat avait été stipulé, ce droit de rachat devint, à son tour, une valeur mobilière. Le propriétaire, qui n'en profitait pas lui-même, le négociait à un tiers, qui le transférait à un autre ; ce titre se cotant plus cher à mesure que le bénéfice à réaliser par le rachat devenait plus important. Ainsi le droit de rachat d'une rente de 10 livres, créée en 1300 sur un immeuble estimé alors 100 livres et qui, en 1580, se serait vendu peut-être 5,000 livres, pouvait valoir 4,900 livres ; c'est-à-dire toute la différence de la valeur nouvelle de la terre avec l'ancienne ; sans même tenir compte de ce fait que 100 livres de 1300 représentaient 1,600 francs intrinsèques, tandis que 100 livres de 1580 ne représentaient que 257 francs.

La richesse mobilière de ce temps consistait aussi en rentes de grains, ou autres produits agricoles, payables en nature, en sommes dues par contrats, ou « rentes constituées, » en prêts sur billets, en rentes viagères émises par les villes ou les hospices, et, à partir du XVIe siècle, en titres de *Monts*, ou banques locales. Les rentes en blé étaient les fonds publics des XIIIe et XIVe siècles ; elles ont un cours dépendant des prix du blé, très variable par conséquent, donnant lieu à des ruines, à des fortunes subites. Chaque année, un nombre énorme de rentes de blé sont vendues, non pas *selon le cours moyen* des blés pendant les années précédentes, mais sur la base du cours des blés *au jour de la vente* ; et Dieu sait à quelles oscillations ce cours était soumis ! Comme les rentes foncières, les rentes de blé se capitalisent « au denier 10 ; » si tel seigneur vend 60 sous tournois une rente de quatre boisseaux de froment, c'est que, cette année-là, on estime à 6 sous la valeur des quatre boisseaux. A cette époque où le lien national était si lâche, l'État, chargé d'un très petit nombre de fonctions, ayant par suite peu de ressources et peu de besoins, n'avait guère de finances. Les emprunts d'Etat affectaient plutôt la forme de subventions extraordinaires, tirées, moitié de gré, moitié de force, des principaux sujets. Chevaliers, abbés, chapitres, communautés bourgeoises, versaient des sommes qui variaient de 1,000 et 1,500 livres jusqu'à cent sous. Ils recevaient en échange des « reconnaissances » sur parchemin, qui n'avaient que la valeur du parchemin, puisqu'on ne leur payait le plus souvent ni intérêt ni capital ; mais ils s'y attendaient. Comme le fait remarquer le rédacteur des rôles, pour une avance de ce genre faite, au XIIIe siècle, par la sénéchaussée de Saintonge : « Sachez, sire, qu'il y a plus de don que de prêt. » Et, sur cette considération judicieuse, on ne remboursa personne.

Il est d'autres créances, d'autres biens, d'autres titres, dont les usages d'autrefois avaient fait des espèces de valeurs mobilières, et qui n'ont pas d'analogues dans notre civilisation : les droits à indemnité pour meurtres, « excès, » ravissements de virginité, et autres crimes ou délits pouvant donner lieu à réparations pécuniaires. Ces droits se vendent, se transmettent fréquemment de l'un à l'autre. Un père peut ainsi tirer quelque parti du viol de sa fille, en négociant son titre à dommages-intérêts, et celui qui achète ce titre y peut gagner à son tour.

Les prisonniers de guerre sont aussi, par les rançons qu'ils représentent, de précieux billets au porteur. Il se traite à leur sujet beaucoup d'affaires à la « bourse » féodale des châteaux-forts. Un habile homme, le soir et le lendemain de la bataille, tâche d'apprendre les noms et la fortune des prisonniers qui ont été faits par son parti. Il les achète à son voisin, à son ami, qui n'en connaissait pas comme lui la valeur ; et il réalise, en les revendant, des bénéfices considérables ; ainsi qu'un collectionneur actuel, sur des objets rares qu'il a obtenus pour un morceau de pain.

Marchandise sur laquelle on spécule, ces prisonniers sont tantôt une monnaie qui sert à payer d'anciennes dettes, tantôt un fonds qu'on pouvait hypothéquer et sur lequel les créanciers ouvraient un ordre, tantôt une lettre de change qui servait à établir le solde d'un compte, et qu'on expédiait à distance. Les changements de mains que subissent les prisonniers de marque, les discussions auxquelles leur dépense donne lieu, enfin le grand nombre d'intéressés qui ont des reprises à exercer sur leurs rançons, tout cela nous lait comprendre que leur garde et leur entretien n'étaient pas sans inconvénients pour ceux qui les avaient pris, et que souvent ce qu'ils avaient de mieux à faire était de les vendre à de riches spéculateurs. Le prix que les seigneurs devaient mettre pour recouvrer leur liberté était élevé toujours et parfois énorme. Je ne parle pas ici des rançons historiques de rois ou de princes ; parmi les simples gentilshommes, le mieux traité de ceux qui me sont passés sous les yeux est un noble Breton, J. de Sesmaisons, pour lequel on se contente au XVe siècle de 48,000 francs de nos jours ; cent ans avant, trois chevaliers gascons, les sires de La Roche, de Beaufort et de Lignac, avaient dû financer ensemble plus d'un million avant d'être relâchés.

Certains hommages féodaux, dont une question d'argent est l'origine et le but unique, doivent eux-mêmes être classés parmi les biens-meubles. Tout salaire, toute obligation, prenant la forme d'un fief, on affieffait de l'argent, et l'on devenait vassal d'un billet de mille francs ou d'un sac de pièces d'or. Il y avait une féodalité mobilière ou métallique, à côté de la féodalité foncière ou terrienne. Les vassaux étant la richesse du suzerain, il est naturel qu'il en achète avec de l'argent, aussi bien qu'avec de la terre. Imbert de Tréfort, écuyer, se déclare vassal de Jean de Chalon, en reconnaissance d'un don de 20 livres viennoises (1279) ; un chevalier fait hommage au seigneur de Chatelbelin (1392) pour prix d'un cadeau de 100 florins d'or, etc. De pareils exemples ne sont pas rares, et nous montrent le rôle de l'argent à cette époque, beaucoup plus étendu qu'on ne se le figure ; puisqu'il servait à représenter en les monnayant, à transformer en valeurs vénales, transmissibles par conséquent et mobiles, — ce qui proprement est le fait du bien-meuble, — une foule de propriétés qui semblent, au premier abord, ne pas se prêter aux transactions marchandes.

VIII

A partir du XVIIe siècle le prêt à intérêt marcha sans lisières dans le monde. « Il y a depuis longtemps, disait La Bruyère, une manière de faire valoir son bien, qui continue toujours d'être pratiquée par d'honnêtes gens, et condamnée par d'habiles docteurs. »

Les docteurs s'étaient fort adoucis. Les rentes foncières, créées d'ancienne date, continuent d'être touchées et vendues ; mais on en crée beaucoup moins de nouvelles, — la forme de location des terres change, — et on rachète les anciennes quand on le peut. Elles ne sont plus, depuis Henri IV, la principale valeur mobilière ; et leur importance dans la fortune publique ira sans cesse en décroissant, jusqu'au jour de la Révolution.

En revanche, les « rentes constituées, » que dans le midi l'on nomme des « pensions, » reposant, non sur un immeuble, mais sur la personne et l'ensemble des biens du débiteur, augmentent singulièrement en nombre. « A prendre votre costume depuis les pieds jusqu'à la tête, dit l'Avare de Molière à son fils, il y aurait là de quoi faire une bonne *constitution*. » Ces constitutions ou pensions, que l'on se transmet et dont on hérite, ne sont autre chose que l'intérêt d'un prêt, le plus souvent non remboursable, fait par un particulier à un autre. Les valeurs de ce genre sont très inégalement réparties entre les diverses classes sociales ; presque toutes sont aux mains de la bourgeoisie urbaine, de grand et de petit plumage. Les gentilshommes sont emprunteurs plutôt que créanciers. A Amiens, un président à la chambre des comptes jouit de 4,500 livres de rente sur le duc de Chaulnes, un conseiller à la cour des aides en a 1,000 sur le maréchal de Schomberg ; l'assesseur en la prévôté de Montdidier en possède 300 sur le marquis de

Feuquières, et un chanoine de Péronne 200 sur le comte de Créqui.

Les emprunts publics municipaux, qui se fractionnent en parts très minimes, des exploitations privées, mises en actions, des sociétés commerciales de diverse nature, attirent, dès le règne de Louis XIII, une bonne partie de l'épargne. On négocie, en 1643, des rentes sur les coches et carrosses de Rouen ; ce sont les « parts de fondateur du canal de Suez » d'alors.

Une nouvelle sorte de biens-meubles, que les XIVe et XVe siècles avaient ignorée, que nos contemporains ne connaissent plus guère, mais qui occupe une place importante dans le portefeuille des gens aisés aux XVIIe et XVIIIe siècles, ce furent les charges vénales, financières ou judiciaires, charges de robe et d'épée, roturières et nobles, modestes ou grandioses, depuis cent livres jusqu'à cinq cent mille. Ainsi que dans la mythologie grecque ou romaine, on supposait l'existence d'un génie protecteur de chaque ville, de chaque maison, et l'on s'arrangeait de façon qu'il y eût des dieux pour toutes les circonstances de la vie et pour toutes les positions sociales ; de même, de 1600 à 1790, n'est-il rien ni personne qui n'ait fourni matière à la création de quelques « officiers, » — ainsi nommait-on les fonctionnaires-propriétaires d'alors. — Traverser un pont, couper un arbre, vendre une botte de foin, monter en coche, quoi que l'on puisse faire, la loi l'a prévu, réglé, fixé, tarifé.

Le plus grand nombre de ces offices étant inutile, leur création doit être assimilée à un pur emprunt d'État, à une dette consolidée, assez semblable à celle qui se paie, sous le contrôle du prévôt des marchands, aux guichets de l'Hôtel de Ville de Paris. La rente, *nominalement* émise à 6.25 pour 100, durant la minorité de Louis XIV, ne l'était *réellement* qu'à 8.33. Il était naturel que les offices vénaux se capitalisassent un peu plus bas, parce que les titulaires, si peu accablés de besogne qu'on les suppose, n'en étaient pas moins obligés de se donner quelque peine, pour percevoir cet intérêt de leur argent que l'on appelait leurs « gages. » Un magistrat devait siéger, au moins de temps à autre, un juré mouleur de bois ou contrôleur de beurre salé devait faire acte de présence sur les quais ou à la halle. Ce ne fut que dans les moments de pénurie extrême du trésor, que l'on autorisa à toucher les appointements d'une fonction nouvelle le premier venu, muni de la quittance constatant qu'il en avait payé le capital. Ces quittances représentaient alors de véritables titres de rente émis par des banquiers aux taux de 9 et 10 pour 100, les offices eux-mêmes n'étaient plus que des valeurs au porteur, car les récépissés circulaient les noms en blanc. L'un a 150 présidences dans le ressort de Paris, l'autre 900 charges de « prud'hommes visiteurs des cuirs. »

Ces valeurs subissent de grosses fluctuations. L'État, dont le crédit est très mince, est traité comme un emprunteur peu solvable par des créanciers peu délicats. Ceux-ci cherchent des gains usuraires, et celui-là se laisse voler parce qu'il ne peut faire autrement ; mais il se croit en droit de rançonner à son tour ceux qui lui ont fait signer des traités trop onéreux.

Ce n'est donc pas parmi les placements sur l'État, quelque forme qu'ils revêtent, que nous pouvons chercher le taux sincère de l'intérêt, dans la première moitié du XVIIe siècle ; l'État n'inspire pas alors le même degré de confiance que les particuliers, que les assemblées provinciales qui empruntent à 4 pour 100, en Bourgogne, que les a bonnes villes » qui n'ont jamais manqué à leur parole. On ne peut cependant pas négliger les appels faits par le trésor public aux capitaux privés. Ces appels ont évidemment dû rendre les capitaux plus exigeants, influer sur le loyer de l'argent. Les rentes sur l'État, qui ne s'élevaient, en 1600, qu'à douze millions de francs *de notre monnaie*, étaient montées à plus de 150 millions, à l'époque de la Fronde. Le capital de 1,900 millions ou 2 milliards de francs (intrinsèquement 400 millions de livres) d'épargnes, que représentent ces 150 millions de revenu, avait trouvé ainsi un emprunteur nouveau, inconnu au siècle précédent ; l'intervention de cet emprunteur ne pouvait manquer, en diminuant l'offre d'argent disponible, d'obliger la demande à hausser ses prix.

Le commerce général du pays prenait au même temps un certain essor, et il avait besoin de fonds. « La plupart des personnes de qualité, de robe et autres, dit Savary, donnent leur argent aux négociants en gros pour le faire valoir. Ceux-ci vendent leur marchandise à crédit d'un an ou quinze mois aux détaillants, et en tirent par ce moyen 10 pour 100 d'intérêt. » Ils servaient à leurs commanditaires ou prêteurs un revenu de 6 à 7 pour 100. Ce genre de placement cessa vers le milieu du règne de Louis XIV ; sans doute lorsque les marchands *grossiers* se trouvèrent assez riches pour se passer de l'argent des tiers. Toutefois ces divers emplois du numéraire expliquent que la baisse du taux de l'intérêt, qui se précipite si rapidement au XVIe siècle, se soit arrêtée sous Henri IV.

Les constitutions de rentes mobilières, de 1600 à 1625, se font à 6 1/2 et 7 pour 100, bien plus fréquemment qu'à 6 ou à 5 ; sous le ministère de Mazarin, le taux de 6 pour 100 est normal. Durant les heures difficiles de la guerre de Trente ans, des administrateurs de Gascogne font faire « des criées en ville pour offrir de l'argent à la rente » à 6.66 pour 100, et sont parfois forcés d'aller jusqu'à 8.33, — le denier 12, — quoiqu'ils le déclarent « de pernicieuse conséquence pour les pauvres. »

Au début du XVIIIe siècle, les conditions du prêt avaient bien changé. Le taux de 7 pour 100, jadis atteint pour des rentes *perpétuelles*, n'était pas dédaigné par les prêteurs pour des rentes *viagères*, dans les années, si dures pourtant, de la guerre de la succession d'Espagne. Les hospices de Paris et des grandes villes remplissaient pour cette opération le rôle de nos compagnies d'assurances sur la vie. La solidité de leur fortune, la confiance qu'elle inspirait, leur permettaient de s'y livrer avec succès ; et le gouvernement trouvait leur concurrence si redoutable pour la rente 5 pour 100 dont il devait *imposer* l'achat (1708), qu'il défendait la constitution de rentes viagères à un taux plus élevé que le taux légal, « parce qu'une bonne partie des biens du royaume tomberait ainsi, par la suite du temps, en la propriété des gens de mainmorte. »

Des efforts tout contraires étaient faits à la même date sur les bords du Rhin pour d'autres motifs. A Bâle, les établissements religieux et de bienfaisance se voyaient menacés de la ruine par la baisse du taux de l'intérêt, et les pouvoirs locaux voulaient maintenir en leur faveur, coûte que coûte, à 5 pour 100, l'intérêt qui tombait à 4. Ainsi, après avoir tenté d'abaisser le taux au moyen âge, des administrations publiques croyaient devoir, et surtout croyaient pouvoir, l'élever. Inutile de dire qu'elles ne réussirent pas plus dans la seconde tentative que dans la première, que le seul résultat de leur action fut toujours nuisible à ceux qu'elle entendait servir. Sous Louis XV, quand on prétendit, par ordonnance royale, réduire le taux de l'intérêt de 5 à 4 pour 100 (1766), on le fit immédiatement monter de 5 à 6. C'est, en effet, au taux de 5 que demeura en France, durant tout le XVIIIe siècle, le revenu des biens meubles, si l'on excepte la courte période du système de Law, où ce taux descendit, de la manière factice que l'on sait, jusqu'à 3 et 2 pour 100. Le règne du papier-monnaie, qui n'exerça, comme nous l'avons vu, aucune action sérieuse sur les prix des marchandises, exprimés en livres, imprima, pendant une durée de dix-huit mois à deux ans, un violent mouvement de baisse au pouvoir de l'argent *sur lui-même*. Les réductions et les conversions à 4, 3 et 2 pour 100, d'emprunts particuliers dont l'intérêt était primitivement plus élevé, abondent de 1720 à 1722. Mais, comme le contraire se produisit dans les années suivantes, pour toutes les sommes que les prêteurs se trouvèrent en droit de réclamer, que les anciennes rentes revinrent à leur ancien taux, il n'y a pas lieu de s'arrêter à cet avilissement momentané de la puissance du capital.

L'intérêt des immeubles se trouvait, avons-nous dit, très peu inférieur dans les dernières années du XVIe siècle à celui des valeurs mobilières. Toutes les rentes foncières créées avant 1630 sont rachetables sur le pied de 6 pour 100 du revenu. Pour les maisons de Paris, la prétention des vendeurs était de les capitaliser à raison de 4 1/2 ou 4 pour 100 ; mais les acquéreurs n'entendaient pas descendre si bas (1633). De même pour les biens ruraux ; on en offre seulement 5 pour 100, une terre de 7,000 livres de rente ne trouve pas amateur à plus de 150,000 livres.

Ce ne fut que plus tard que la baisse de l'intérêt foncier s'accentua ; une terre de 11,000 livres de revenu, comme Maintenon, iut payée 250,000 livres, soit 4.40 pour 100. On remarque, du reste, que la baisse du revenu immobilier, de 1600 à 1790, correspondit à une hausse très considérable de la valeur vénale des domaines ruraux et des maisons urbaines, qui laissa, en somme, aux détenteurs du sol d'enviables compensations.

Si, dans les dernières années du XVIIe siècle, l'intérêt des terres parut remonter quelque peu, cela tint à ce que leur valeur diminuait alors dans une proportion sensible. De 1701 à 1725 le taux de 4 pour 100 était redevenu usuel ; et lorsque la hausse foncière recommença, vers 1745, elle rétablit, et au-delà, la distance qui séparait sous Colbert le capital immobilier de son revenu. Au commencement de la Révolution, comme au début de notre siècle, le taux de l'intérêt foncier n'était plus en général que de 3 1/2 pour

100 dans l'ensemble de la France.

Georges d'Avenel

III. LE CRÉDIT ET LA RUINE DES ANCIENS CAPITALISTES

I

Par quelle mystérieuse vocation la race juive en est-elle venue, au moyen âge, à monopoliser dans l'Europe chrétienne le commerce de l'argent ? C'est ce qu'il est impossible de dire. Pourquoi ce petit peuple d'Israël, peu à peu répandu sur le monde civilisé, s'était-il attaché à cette branche de négoce plutôt qu'à toute autre, comme les indigènes de certaines de nos provinces se spécialisaient dans des professions déterminées, comme les Limousins se faisaient maçons, et les Auvergnats chaudronniers ?

Doit-on croire que les prohibitions religieuses, en écartant jadis les catholiques des opérations financières, aient suffi à ouvrir aux observateurs de la loi mosaïque ce champ d'activité délaissé par tous, et qu'ils s'y soient dès lors cantonnés, avec une prédilection si marquée que la liberté contemporaine et la Déclaration des droits de l'homme n'ont pu les en faire sortir ; puisque aujourd'hui encore, comparativement à leur petit nombre, les Israélites jouent dans les bourses et dans les banques un rôle absolument prépondérant, légitime récompense de leur travail, compensation méritée des persécutions qu'ils ont longtemps souffertes.

Faut-il voir un phénomène d'atavisme dans cette persistance des juifs actuels à creuser le même sillon que leurs pères ? Ceci n'aurait rien d'extraordinaire. De même il est assez admissible que le choix des juifs d'autrefois se soit porté sur les spéculations métalliques, précisément parce que ces spéculations étaient interdites aux autres citoyens, et que le métier de marchand d'or et d'argent, regardé comme vil, n'avait pas d'amateurs. Une fois qu'ils l'exercèrent, les juifs devinrent naturellement odieux au double titre de juifs et « d'usuriers, » — le mot d'usurier étant pris dans l'acception générale de « prêteur à intérêts » qu'il avait alors. — Et comme rien n'est plus contraire à la loyauté des prêts, ne développe davantage cet intérêt abusif et frauduleux, auquel nous réservons dans les temps modernes le nom d'usure, que l'absence de sécurité dans les transactions sur les capitaux, et que cette absence de sécurité était à peu près absolue, trois siècles se passèrent à tourner dans un cercle vicieux : la proscription périodique des banquiers augmentant l'usure, l'usure, devenue habituelle, motivant la proscription des banquiers.

Ce mot de banque, cette qualification de banquier, qui éveillent aujourd'hui l'idée de quelque local vaste et confortable, de quelque individu opulent et important, conviennent-ils bien à ces parias au nez crochu, la robe déshonorée par une rondelle jaune, qui se tiennent en plein air derrière leur table comme les marchands des quatre saisons. A eux le droit commun ne s'applique pas ; ils sont un peu moins que des hommes ; dans les tarifs de péages féodaux on les classe parmi les marchandises. Entre le « grand cheval » qui paie 8 sous et « le millier de harengs » qui doit 10 deniers, prend place « le juif, » taxé à 30 deniers au passage de la frontière.

C'est une faveur exceptionnelle des souverains, pour les grandes foires, que d'en permettre l'accès en franchise à « toutes personnes de juifs s'y rendant par terre ou par mer, » comme on autorise des forains, un jour de fête, à dresser librement un cirque ou une ménagerie.

Jusqu'au XIVe siècle, les Lombards et les juifs, ces infidèles, ces gens si mal vus, avaient rencontré dans les religieux chevaliers du Temple des concurrents habiles et achalandés. Dans un récent mémoire sur l'*Administration financière des Templiers*, M. Léopold Delisle a montré comment cet ordre de chevalerie, précurseur ou émule des sociétés italiennes, avait eu longtemps entre ses mains une grande partie des capitaux de l'Europe, à la fois trésorier de l'Église romaine et de beaucoup de princes et de particuliers durant tout le XIIIe siècle. Les richesses métalliques du roi de France, une partie de celles du roi d'Angleterre sont, depuis Philippe-Auguste jusqu'à Philippe le Bel, confiées au Temple de Paris et y servent parfois de gages à des emprunts. Nombre de bijoux, de lingots, de successions en numéraire, sont aussi déposés dans l'enceinte du Temple et participent de l'inviolabilité traditionnelle des édifices pieux dont jouit cette caisse des consignations. Le génie administratif des grands maîtres étendit d'une manière favorable le cercle de ces opérations à l'ouverture de nombreux comptes courants.

Georges d'Avenel

Après la fin tragique de Jacques Molay et de la milice du temple de Jérusalem, cette institution de crédit collectif n'eut pas d'imitateurs, et le commerce individuel des israélites ne connut en France aucune rivalité jusqu'au commencement du XVIe siècle. De riches bourgeois unirent parfois leurs efforts, comme à Vesoul en 1291, dans la fondation du « Mont-de-Salins, » pour se soustraire aux usures des banquiers de profession, mais ces associations n'aboutirent à rien de sérieux. Le peuple, lors des courts bannissements du juif, voyait avec joie l'expulsion de ce malheureux ; il ne tardait pas à le regretter : soit que l'usurier chrétien, qui le remplaçait, se montrât plus dur que son devancier, comme Boutade incline à le croire ; soit simplement que le public payât, en définitive, les frais de toute atteinte portée au crédit.

On trouve les Lombards, durant la première moitié du XIVe siècle, non-seulement dans les villes, mais dans de simples bourgs. Aux environs de Paris ils pullulent : à Lagny, Bray ou Montereau, aussi bien qu'à Meaux ou à Provins. On est surpris de rencontrer à Talant, gros village de la Côte d'Or, aujourd'hui disparu, un petit juif qui avance au duc de Bourgogne de l'argent pour partir en guerre. Des financiers d'Asti s'établissent en Franche-Comté. Ils promettent de payer un cens annuel au seigneur, qui s'engage de son côté à leur faciliter les communications avec l'Italie (1336). Gentilshommes et « usuriers » ayant un constant besoin les uns des autres paraissent vivre alors en bonne intelligence. Des domaines sont donnés aux israélites, par de puissants princes, « en reconnaissance de leurs bons services. » Des autorisations individuelles leur sont accordées pour « voyager et trafiquer librement, » même pour « ne point porter sur leurs habits ni la roue, ni aucun autre signe qui puisse les faire reconnaître, attendu que ces signes pourraient leur occasionner divers périls à cause de la haine générale des juifs. » Ainsi s'exprime, dans une ordonnance, le comte de Roussillon (1355). Si du sud-ouest nous passons au sud-est, le Comtat-Venaissin, sous la domination des papes, ne leur fait pas trop mauvaise mine. Ils peuvent ouvrir des synagogues à Avignon, à Carpentras et autres localités.

En 1348, lors de la peste noire, dont le populaire voulut, selon son usage éternel pour les félicités et les malheurs publics, trouver l'auteur responsable, on attribua une part de son origine aux

III. LE CRÉDIT ET LA RUINE DES ANCIENS CAPITALISTES

israélites, et généralement aux manieurs d'argent. Sans doute ceux-ci s'étaient enrichis durant les cinquante dernières années, qui avaient été les plus prospères du moyen âge. A coup sûr leurs affaires étaient actives. Ils prêtaient à toutes les classes de la société, soit sur lettres, soit sur gages ; on le voit par leurs écritures, mises alors sous séquestre. Ils avaient de nombreuses créances sur des petits bourgeois et des paysans.

A cette époque, la persécution officielle contre les juifs, que l'histoire a enregistrée et que le lecteur connaît, commença, très dure. On saisit leurs livres par voie de contrainte, et, avec les registres, on enferma aussi leurs propriétaires. L'emprisonnement fut accompagné de spoliations, dans la mesure où elles purent s'exécuter. Il fut suivi de bannissement, quelquefois de mort. Le crédit public, — on le devine, — ne se porta pas mieux à la suite de cette banqueroute générale. C'était au début de la guerre de cent ans, et l'État fut réduit à emprunter, auprès des corps constitués, principalement des établissements religieux, des sommes que les conseillers royaux avaient d'autant plus de peine à extraire qu'elles ne devaient jamais être remboursées.

Un siècle voué à la recherche de la pierre philosophale et où la pénurie de numéraire faisait priser si fort les mérites des alchimistes, ne pouvait pas supporter bien longtemps la fermeture des coffres judaïsants. Le commerce de l'argent reprit, aussi général que précédemment, et dans des conditions toujours aussi louches et aussi précaires. Tandis que, sur la frontière de l'Est, le clergé en était encore à célébrer des messes pour la comtesse Marguerite de Bourgogne, en reconnaissance de l'expulsion des *vilissimorum et perfidissimorum judæorum* (1374), Charles le Sage donnait pouvoir, « sur la demande des juifs et juives » d'Orléans, au chevalier gouverneur du bailliage, de juger, « sans figure de jugement, » tous les procès où les juifs sont parties. Il les soustrayait, par privilège et selon leur vœu, au droit commun. Ailleurs certains écrivains, ou notaires, étaient seuls admis à instrumenter, pour les prêts d'argent faits par les israélites. Le pouvoir revenait à son système antérieur, qui consistait à les mettre en coupe réglée, à les tondre et à les saigner, au lieu de les écorcher et de les pendre. C'était une chose fructueuse et si bonne à exploiter que le juif ! Chaque prince de la chrétienté cherche alors à en posséder le plus grand nombre.

Georges d'Avenel

— Le roi de France n'avait-il pas acheté un jour à son frère, pour 20,000 livres, tous les juifs du comté de Valois ? — Les seigneurs qui en possèdent redoutent de les perdre : le roi d'Aragon permet à des juifs de Perpignan de se rendre en France, « où ils espèrent exercer le négoce avec plus de profit que dans ses terres ; » mais sous cette condition expresse de laissera Perpignan leurs femmes et leurs enfants, et des garanties suffisantes pour le paiement de leurs contributions, comme membres de l'*Aljama* de cette ville.

Ces alternatives continuèrent durant tout le XVe siècle : tantôt l'État allongeait, en faveur des Lombards, la durée légale de validité des dettes contractées auprès d'eux, en rendait la prescription plus difficile ; les officialités ecclésiastiques mettaient aussi leurs foudres à la disposition des usuriers, lançaient des formules d'*injonction* pour forcer les débiteurs à s'acquitter envers ces infidèles. Tantôt les gouvernements condamnaient à l'exil perpétuel les tribus hébraïques, et la « juiverie » de chaque cité, hommes, femmes, enfants et bagages, déguerpissait tristement, par terre ou par eau, à la recherche d'un lieu plus hospitalier.

Ce n'était pas sans espoir de retour : rançonnant, rançonnés, volés ou voleurs, ces héroïques financiers ne se faisaient pas trop tirer l'oreille, pour racheter en masse les impôts spéciaux de capitation, qui pleuvaient sur eux ; quitte à se récupérer à leur tour sur le public. Étaient-ils accusés d'usure, ils pactisaient avec le pouvoir civil, qui bien souvent arrêtait ou paralysait lui-même les lois qu'il venait d'édicter.

Au XVIe siècle, les juifs sont atteints d'une autre manière, beaucoup plus sûrement : les chrétiens leur font ouvertement concurrence, et le commerce des métaux précieux s'élargit. Il n'est guère de petite ville, sous Louis XII, où les maîtres-joailliers ne fassent la banque et ne prêtent sur les bijoux ; tandis que dans les cités populeuses, à Lyon, Toulouse, Rouen (1543-1556), les institutions de crédit font leurs premiers pas sous l'œil bienveillant des souverains. Ceux-ci du reste sont les premiers à en profiter, à l'étranger plus encore qu'en France. A Anvers, le « facteur » du roi de Portugal contractait, pour le compte de son maître, un emprunt de 3 millions d'écus d'or (75 millions de notre monnaie), couvert en une seule bourse ; Thomas Gresham, agent de l'Angleterre, y emprunta, de 1558 à 1562, une somme correspondant *intrinsèquement* à 60 millions de francs, équivalant aujourd'hui au triple. Anvers était, il est vrai, à ce moment, la première place du monde ; et son mouvement commercial passait, vers 1550, pour atteindre annuellement un milliard et demi de florins par an, non compris la négociation des « effets de change. »

Or la circulation de l'argent, sous cette forme, était considérable. Que la lettre de change, répandue dans les banques ou *casernes* d'Italie, dès le XIe siècle, ait été inventée par les juifs, auxquels Montesquieu en fait honneur, et qui par ce moyen éludèrent la spoliation, ou qu'elle leur soit de beaucoup antérieure, comme pour ma part j'incline à le croire, il n'en demeure pas moins évident que la transmission des valeurs d'un lieu à un autre, grâce aux écritures et aux virements de comptes, était pratiquée très largement dans toute la France, dès le commencement du XIIIe siècle.

Bien que des autorisations nominales soient données par les seigneurs à certains marchands, leurs sujets, pour « faire et adresser des lettres de change en tous pays, » il est vraisemblable que le commerce se passait de la permission des gouvernemen3, quand ceux-ci ne jugeaient pas à propos de la concéder. Ces permissions peut-être n'avaient qu'un caractère fiscal, comme les timbres proportionnels dont nos traites doivent être munies depuis 1872.

Quelques opérations actuelles se sont faites de tout temps, sous d'autres noms ou même sans avoir de nom. Quand le trésorier du duc de Bourgogne invite, par un « mandement, » les Lombards de Seurre à porter au débit de son maître une somme de 1,200 écus d'or, précédemment inscrite au débit du comte d'Auxerre (1344), ce mandement est un véritable chèque. Quand, dans la même province, un chanoine, sur le point de partir pour l'Italie, contracte une obligation de 100 livres au profit d'un grand seigneur, en retour d'une lettre de change *en blanc* qui lui servira « à emprunter en cour de Rome et ailleurs, » ce chanoine reçoit sous cette forme une sorte de billet de banque ; et le prince, qui délivre ce billet *en blanc*, émet une vraie monnaie fiduciaire dont la valeur est proportionnée à son crédit personnel ; combinaison fort ingénieuse pour l'époque (1260).

Georges d'Avenel

II

La monnaie fiduciaire était aussi en usage dans les villes dotées de banques publiques ; de ces villes ; elle se répandait assez loin. Dès la fin du XVe siècle, les *loquis*, espèce de jetons en verre, monnaie représentative émise par la banque de Saint-George, à Gênes, ont cours dans tout le midi de la France, particulièrement en Languedoc.

Ce ne sont pas les idées sur la manière dont on peut mobiliser l'argent qui ont manqué au moyen âge. Il ne péchait pas par défaut d'imagination, mais par absence de sécurité dans les affaires et de moyens de communication. Jean sans Peur a-t-il besoin d'argent, en 1416 ? lui faut-il « une finance pour convertir à quelque paiement ? » son trésorier achète *à terme* 137 pièces de drap de Courtrai, pour 2,764 écus, et les revend *au comptant* 2,200 écus. Ce procédé, qui vaudrait aujourd'hui à un fils de famille un conseil judiciaire, est alors une forme normale des emprunts. La ville de Bergerac, étant à court (1394), décide que celui ou ceux qui lui prêteront auront en mains les revenus du consulat, et en percevront le montant jusqu'à complet acquittement de leurs avances.

La difficulté de rentrer dans ses fonds, une fois qu'on s'en est dessaisi, par suite de l'inertie de la puissance exécutive et législative, dont le créancier n'attend qu'une protection insuffisante, et qui même souvent se tourne contre lui, en favorisant la mauvaise loi du débiteur, — si bien que c'est un « privilège, » chèrement vendu aux banquiers d'une certaine ville, que l'engagement pris par le suzerain « de n'accorder pendant *cinq ans* aucun sursis, sauf-conduit ou prorogation aux particuliers » qui seront redevables envers eux, — cet aléa du remboursement, qui rend les emprunts plus onéreux, les fait entourer aussi par les prêteurs de formalités plus dures.

Il n'était guère de petite somme avancée sans un nantissement de valeur bien supérieure, ni de grosse somme aventurée sans une garantie foncière, qui emportait l'éviction, à tout le moins temporaire, du possesseur. Des lettres-patentes de 1286 défendent de prendre en gage les objets nécessaires au travail journalier ; le grand nombre des prohibitions renouvelées sur le même sujet, dans

III. LE CRÉDIT ET LA RUINE DES ANCIENS CAPITALISTES

la suite des siècles, montrent combien peu elles étaient observées. L'emprisonnement, suspendu sur la tête des débiteurs insolvables, est une autre sorte de sanction, qui semble devoir assurer l'exactitude des paiements, et qui ne prouve au contraire que la fragilité des contrats. La loi est ici d'autant plus sévère en théorie, qu'elle est plus faible en pratique ; de même que le code pénal n'est jamais si terrible, que dans les pays et les époques où la criminalité est la plus impunie : frappant fort parce qu'il saisit peu. Les particuliers renchérissent encore, dans leurs conventions, sur les rigueurs de l'action publique. Des emprunteurs de laine s'engagent (1380), en cas de non-paiement dans un délai fixé, à rester enfermés dans une tour *de la maison du créancier*. On multiplie les précautions : il y a dans le midi des « courtiers en paroles, » — *correter d'orella*, — qui tiennent registre des ventes et transactions verbales.

Le développement du crédit, au moyen âge, se heurtait aussi à l'embarras des communications. Il était coûteux et périlleux de transporter des espèces à longue distance. Aller chercher quatre mille francs de Paris à Melun n'est pas, au XIVe siècle, une petite affaire. Les souverains, pour leur usage personnel, n'ont pas toujours de fonds à point nommé : le maître de la « chambre aux deniers, » — table royale, — fait dire « aux bonnes gens de Senlis qu'on ne pourrait payer ce jour ; » tandis qu'il envoie « pourchasser argent devers monseigneur d'Anjou, pour la dépense de l'hôtel. »

Les relations de place à place n'étaient ni assez régulières, ni assez étendues, pour que les lettres de change pussent suppléer, par les ricochets multiples qu'elles font de nos jours, au déficit de numéraire qui sévissait tout à coup en certains lieux. Le port même des traites, tirées d'un point sur un autre, exigeait, en l'absence de toute poste organisée, l'envoi d'un messager spécial. On préférait prendre patience, attendre la foire prochaine, qui fournirait à la fois l'occasion de négocier du papier et d'encaisser des lingots.

Le change, dans ces conditions, subissait des oscillations très fortes. A Barcelone, par exemple, dans la première moitié du XVe siècle, le numéraire devenait très rare chaque année du 1er juin au 31 août, à cause des achats de laine en Aragon. Il baissait ensuite, pour remonter beaucoup plus haut en janvier, en raison des achats de safran, et retombait de nouveau jusqu'à l'été. Mais ce qui, dans notre siècle, motiverait des différences de quelques centimes, en provoquait alors de 3 ou 4 francs. Régulièrement, le change de la monnaie d'argent en monnaie d'or comportait une commission, variant de 2 à 12 pour 100, et qui était communément de 6 à 8. Les comptes de la maison royale accusent sans cesse des « pertes d'argent pour change. » A la fin du XVIe siècle, en Dauphiné, on paie encore 660 livres en argent pour en avoir 600 en or. Il est difficile d'admettre que les changeurs, qu'ils fussent propriétaires de leur « office, » ainsi qu'on le voit en Bourgogne, ou seulement locataires à l'année d'un bureau, d'un *étal* de change, comme dans l'Orléanais, aient pu de leur propre autorité, suivant qu'on les en accuse, « attribuer aux monnaies un cours usuraire. »

Il est probable, au contraire, que ce haut prix du change de l'argent en or tenait à la rareté effective de l'or. Cette rareté, on ne s'en apercevait pas dans les paiements de chaque jour, qui, pour la plupart, se faisaient en argent ; mais elle affectait fortement celui qui voulait se procurer une certaine quantité d'or.

Il en résultait cette anomalie : que le prix marchand de l'or était beaucoup plus bas jadis que de nos jours, par rapport à l'argent, puisque le kilogramme d'or ne valait que 12 kilogrammes d'argent, au lieu de 15 et 18 kilogrammes qu'il vaut aujourd'hui ; et que cependant les monnaies d'or bénéficiaient d'un change, actuellement inconnu, sur les monnaies d'argent qui s'échangent en général au pair avec elles, dans l'intérieur de chaque État.

Les opérations de change avaient pris assez d'importance, dès la fin du XVIe siècle, pour que le gouvernement songeât à créer des courtiers en titre, auxquels elles fussent exclusivement confiées. Ces devanciers de nos agents de change contemporains étaient au nombre de 8 à Paris, en 1595. Louis XIII en porta le nombre à 30, et les érigea en corps sous le nom d' « agents de banque et de change, » avec deux syndics élus par la compagnie et renouvelables annuellement. Un édit de 1638 leur avait ordonné de faire bourse commune « du quart des profits. » Cette disposition tutélaire, dont les temps modernes se sont inspirés, dans la constitution du fonds de réserve qui seul a conservé la vie jusqu'à ce jour au monopole de la corbeille parisienne, en lui permettant de faire face, dans les jours de crise, aux engagements individuels de ses membres, cette disposition fut abrogée au bout de peu de temps « à la demande des courtiers. »

III. LE CRÉDIT ET LA RUINE DES ANCIENS CAPITALISTES

Ceux-ci jouissaient dès cette époque, au moins en théorie, du privilège exclusif de la négociation des lettres et billets de change, et percevaient une commission de 1/4 pour 100, soit 25 centimes par 100 francs, payable moitié par le tireur et moitié par le destinataire. Ils demeurèrent courtiers de marchandises en même temps que de change ; mais ils exercèrent de moins en moins la première partie de leur métier, et bornèrent au papier commercial leur rôle d'intermédiaires. Intermédiaires en effet, ils ne durent plus être que cela, depuis l'ordonnance de 1673 qui leur défendit « de tenir banque pour leur compte particulier. » La démarcation fut par là nettement établie entre les changeurs libres et commerçants qui très probablement subsistèrent, et les changeurs officiels non commerçants.

Les uns et les autres, agents brevetés et coulissiers marrons se réunissaient chaque jour à la Place au Change, près du Palais de Justice. C'était là que se tenait le change ou la *bourse*; car dès le règne d'Henri IV, ce terme était en usage. Bourse modeste, nullement comparable au Royal-Exchange de Londres, et qui n'était qu'une simple cour pavée en plein air. Telle quelle, les gens d'affaires refusèrent de la quitter pour le parc Royal (près la Bastille), que l'État venait d'aménager à leur intention, et qu'ils trouvèrent trop loin du Palais de Justice. Ce fut alors que l'on construisit pour eux la place Dauphine, « la plus belle et la plus utile de Paris, » au dire d'un contemporain. Singulière persistance des traditions : l'heure de la levée de l'audience des magistrats, « de la sortie de la cour, » c'est-à-dire environ midi et demi, que les financiers avaient adoptée pour le commencement de leurs assises, et que l'on nommait au XVIIe siècle « l'heure de la Place au Change, » comme nous disons aujourd'hui l'heure de la Bourse, n'a pas varié depuis trois cents ans, bien que la Bourse ait émigré d'abord à l'hôtel de Soissons, rue Quincampoix, puis à l'hôtel de Nevers, rue Vivienne (1720), et que la spéculation n'ait plus aucun rapport avec la procédure.

Si le prix de l'argent est, selon le mot de Voltaire, « le pouls d'un État et un moyen assez sûr de reconnaître ses forces, » on doit avouer que notre situation, dans la première partie du XVIIe siècle, n'était guère florissante. Le change avec les pays étrangers, particulièrement avec la Hollande, d'où nous importions énormément, était de 6 à 10 pour 100. Pour avoir une lettre de crédit de Paris sur Rome, il fallait payer 25 pour 100 de la valeur. Cet état de choses tenait à la politique monétaire du gouvernement français, qui prétendait entraver le changement de rapports des métaux précieux entre eux. Nos ministres s'en désolaient en pure perte : « J'envoie, écrivait des Noyers à Richelieu, un mémoire sur la sortie d'un million d'or depuis huit mois par Calais. » Le transport du numéraire à l'étranger, strictement interdit en ce temps-là dans chacun des États de l'Europe, se jouait de toutes les prohibitions.

Il est plaisant de remarquer qu'en Espagne même, et dans toutes les possessions espagnoles, d'où nous étaient venus tant de lingots, l'exportation de l'or et de l'argent restait entourée de formalités si minutieuses, que tout voyageur, avant de quitter ce pays, devait, pour les sommes les plus minimes, se munir d'un laisser-passer des autorités. Un dominicain français, allant de Roussillon en Languedoc, déclare « emporter 19 réaux et demi pour faire son voyage, » et un « travailleur de terre, » qui se rend d'Andalousie à Rome, fait une déclaration analogue.

A l'intérieur du royaume, le mouvement des espèces d'une ville à une autre demeurait sujet à de fâcheux hasards ; on s'y préparait : une commune du Dauphine constate avec philosophie que la somme envoyée par elle à Paris, à son avocat, « s'est perdue par les chemins. » Cependant la poste commençait à rendre des services appréciables. Il était loisible aux expéditeurs de monnaie de remettre leur argent au maître de poste de la localité, « d'en faire charger le livre, » et le commis, au point d'arrivée, « rendait sûrement » la valeur au destinataire. Ce n'était pas encore le bon postal de 1892, mais c'était un progrès sur le moyen âge.

Théophraste Renaudot, le fondateur du journalisme français, le cerveau le plus inventif peut-être de l'époque, dans lequel ont germé bon nombre d'idées utiles, à peine mêlées d'un grain d'utopie, proposait (1632) l'établissement d'un change public permettant à « tous ceux qui s'en voudront servir de faire tenir argent commodément de lieu à autre de ce royaume. » La chose n'aurait pas été impraticable, et l'État, qui n'était pas mieux outillé à cet égard que les particuliers, en aurait profité le premier dans ses embarras continuels. « L'argent est plus rare ici, écrivait alors de Toulouse le gouverneur de Languedoc, qu'en aucune autre grande ville, et il n'y a pas un sou à la recette générale. » Ce gouverneur

III. LE CRÉDIT ET LA RUINE DES ANCIENS CAPITALISTES

fait traite sur le surintendant des finances, et ne peut obtenir le montant de son effet du banquier de Toulouse qui l'a chèrement escompté, avant que celui-ci ne soit assuré que ledit effet a été accepté à Paris.

Ayant à payer deux galères à Marseille, le secrétaire d'État de la guerre promet d'adresser une lettre de change de 30,000 livres ; et comme il est à Château-Thierry, il attend, pour la prendre chez un banquier, d'être de retour à Paris. S'il doit faire parvenir de l'argent dans le midi, le gouvernement se procure d'importantes lettres de change sur Lyon ; c'est aussi à Lyon que le trésorier de l'Épargne, — caissier payeur central du Trésor, — envoie l'un de ses commis faire accepter pour 500,000, voire 1 million de livres de traites, destinées à pourvoir à diverses services. Lyon fit la loi pour le change pendant les XVIe et XVIIe siècles. Il se tenait dans cette ville quatre foires par an, foires d'argent surtout, appelées « paiements, » qui duraient chacune un mois. Le premier du mois, à deux heures, en présence du prévôt des marchands, les opérations commençaient. Les banquiers, venus des quatre coins de la France, debout sur la place et en la « loge du change, » leur carnet appelé « bilan des acceptations » à la main, y inscrivaient toutes les traites, tirées sur eux, qui leur étaient présentées.

En regard de la traite acceptée, ils portaient une croix ; s'ils voulaient réfléchir, ils cotaient un V qui signifiait vu ; s'ils la refusaient, ils mettaient SP (sous protêt). Dans ces Champs de Mai des valeurs, le protêt des effets de commerce pouvait se faire au bout d'un mois entier ; en temps normal, au contraire, suivant la jurisprudence du parlement de Paris, le porteur ne pouvait donner au tiré que dix jours de répit après l'échéance, faute de quoi les lettres de change demeuraient « aux risques et fortunes » des endosseurs. C'est le commerce lui-même, banquiers et gros marchands de la capitale, qui, dans une assemblée plénière, avait dicté aux magistrats les termes de ce règlement. C'est aussi ce que nous nommerions aujourd'hui la « haute banque » qui, dans l'intérêt du crédit, fit renoncer l'État à sa prétention de contrôler les titres des lettres de change — « la rigueur des formalités ne devant pas être si exacte en telles sortes de pactions ; » — c'est elle qui tempérait l'ardeur de répression dont le pouvoir public était saisi, tous les vingt ou trente ans, contre les *traitants* qui le volaient.

Georges d'Avenel

Prenant un pavé pour tuer une mouche, le ministère défendait aux banquiers de délivrer à qui que ce fût des lettres de change, sans permission de la chambre des comptes, et surtout d'en délivrer aucune *en blanc*. Il espérait ainsi empêcher ceux à qui il prétendait faire rendre gorge, de transporter leurs biens à l'étranger ; en attendant, il paralysait toutes les affaires, comme un préfet de police qui suspendrait la marche des chemins de fer pour arrêter un malfaiteur.

En ce qui concerne les lettres de change délivrées en blanc, espèce de billets au porteur, le tiers-état avait demandé leur interdiction légale, afin d'atteindre l'usure qui se faisait, paraît-il, sous le couvert d'un change fictif. Ce dernier rapportait jusqu'à 28 pour 100 par an ; mais, dit un mémoire du temps, beaucoup de gens qui se livraient à ce négoce perdaient leur capital. Il en est de même aujourd'hui, pour ce genre de marchés à la grosse aventure, compliqués de risques spéciaux, et qui ne rentrent pas dans les conditions des prêts ordinaires. Le taux de 7 pour 100, pour trois mois, qui leur était appliqué, ne paraît pas lui-même exorbitant, lorsqu'on voit les banquiers, sous Louis XIV, exiger couramment 3 pour 100 de commission pour escompter une traite à vue, quel qu'en soit le montant, de Paris sur le centre de la France.

Outre les avantages attachés au rôle exceptionnel qu'il jouait dans le commerce de l'argent à l'intérieur du pays, Lyon était le centre de nos relations avec l'Italie. Pour l'Orient, on avait correspondance à Marseille ou à Smyrne, et pour tout le reste de l'Europe à Amsterdam ou Anvers. Il n'y avait que l'Angleterre avec qui' la plupart de nos banquiers traitassent directement. Nous étions bien en arrière, sous le rapport des institutions de crédit, de nos voisins du Sud et du Nord.

Tout le monde connaît la « brillante histoire de ces banques de dépôt qui, depuis le XIIe siècle à Venise, depuis le XIVe à Barcelone, le XVe à Gênes, le XVIIe à Amsterdam, Hambourg, Rotterdam et Stockholm, jusqu'à la banque de circulation fondée à Londres en 1694, ont rendu, quoique traitées assez dédaigneusement par les écrivains modernes, d'inappréciables services en leur temps. Les récépissés délivrés aux dépositaires de fonds, à Venise, sous le nom de « parties de banco, » remplissaient dans le commerce le rôle de vrais billets de banque. Le crédit de cette monnaie fiduciaire était même assez bien établi pour que l'établissement ait pu, en 1690 et 1717, fermer la caisse du comptant, et décréter durant plusieurs années le cours forcé de ses billets, sans que le *banco* fît faillite, et sans que le change montât à plus de 10 ou 15 pour 100 ; taux qui fut de beaucoup dépassé pour les billets de la Banque d'Angleterre, lors des guerres du premier empire, pendant la suspension de leur remboursement en espèces.

Loin de livrer, comme de nos jours, au contrôle hebdomadaire de la publicité, leur bilan étalé à tous les regards, ces établissements d'autrefois s'enveloppent de mystère. Par ce procédé qui donnait libre cours à des appréciations exagérées, leurs encaisses apparaissaient au public comme des puits sans fonds. On suppose, écrivait en 1721 un négociant estimé, que le numéraire de la banque d'Amsterdam « est de 3,000 tonnes d'or qui, évaluées à 100,000 florins la tonne, feraient un produit presque incroyable… » Incroyable en effet, puisqu'il eut atteint plus de 1,800 millions de francs actuels. A Hambourg, les teneurs de livres faisaient serment de ne point révéler les chiffres des dépôts entrant ou sortant ; grâce à leur silence inviolable, la situation de la banque demeurait ignorée.

III

Hambourg joignait à ses autres attributions celle du prêt sur gages, qui se faisait en Allemagne et dans les Pays-Bas, dès les premières années du XVIIe siècle, d'une façon beaucoup moins onéreuse et plus régulière que chez nous. Marie de Médicis, retirée à Cologne où elle mourut à peu près dans la misère (1642), avait mis ses pierreries au mont-de-piété de cette ville ; et notre gouvernement, pour empêcher la vente de ces bijoux, s'empressa de payer les intérêts de la somme avancée à la reine. Aux états-généraux de 1614, la noblesse avait proposé l'établissement de monts-de-piété, « à l'instar de l'Italie, de l'Espagne et de la Flandre, » qui eussent prêté non-seulement sur les objets mobiliers, mais aussi sur les terres, comme notre Crédit foncier actuel. Il fut fait à cet égard un projet très complet, très bien étudié ; tous les monts-de-piété du royaume auraient eu correspondance entre eux… Quelle distance sépare, pour tant d'idées pratiques, le germe de la fécondation ; ou, si l'on veut, combien est longue la durée de leur gestation par l'opinion publique ! Le tiers-état, que l'on trouve en général à la tête de tous les progrès, fut pourtant unanime à repousser cette extension du crédit, en disant « qu'il y avait déjà bien assez d'usuriers en France, et que c'était impiété et abus. »

Au XVIIIe siècle seulement, sous le ministère de Fleury, furent institués à Paris, puis peu à peu dans les principales villes, « pour faire cesser les désordres de l'usure, » des monts-de-piété qui subsistèrent jusqu'à la révolution, et dont la mission était plus vaste que celle des nôtres puisqu'ils prêtaient sur les valeurs et les effets de commerce. Certaines communes rurales avaient aussi fondé, pour l'usage de leurs membres, des *monts-frumentaires*, ou *monts-de-grains*, qui prêtaient la semence aux laboureurs moyennant un intérêt de 5 pour 100, payable en nature au mois de septembre, au moment où s'effectuait la restitution du grain emprunté. Le « mont-frumentaire » était administré par le châtelain, le curé, les consuls élus et les cultivateurs notables ; les grains étaient distribués à Noël et au mois de mars, et les céréales, servant de fonds de roulement, provenaient de quêtes et de libéralités volontaires.

Le crédit tirait des monts-de-piété, en Italie, dès le XVIe siècle, des applications plus variées que nous ne faisions encore à la fin du XVIIIe siècle, en France. C'est ainsi qu'ils servaient d'assurances sur la vie. L'idée n'était pas nouvelle, le moyen âge l'avait eue. Des contrats de cette nature sont parfois passés d'homme à homme au XIVe siècle. On commissionnaire de Perpignan assure pour six mois la vie d'un chevalier : en cas de décès de l'assuré, pendant ce délai, ses héritiers recevront de l'assureur une somme déterminée. Il existe en Flandre, dès 1560, de semblables assurances, mais non pas aussi régulièrement organisées qu'au-delà des Alpes, à Florence, par exemple, où, dit Bodin, « celui qui a une fille met, au jour de sa naissance, 100 écus au mont-de-piété, à la charge d'en recevoir 1,000 pour la marier, quand elle aura dix-huit ans. Si elle meurt auparavant, les cent écus sont acquis au mont (1590)… »

Chez nous tout se borna à des projets : l'un remonte à la création de la compagnie commerciale du Morbihan qui s'engageait, pour trouver des actionnaires (1629), à leur rendre au bout de seize ans un capital *sextuple* de celui qu'ils auraient versé. L'association

III. LE CRÉDIT ET LA RUINE DES ANCIENS CAPITALISTES

était libérée de toute obligation envers les héritiers de ceux qui mourraient avant les seize ans révolus. La compagnie n'ayant pas été fondée autrement que sur le papier, l'opération ne s'exécuta pas. Sous le ministère de Mazarin, le parlement repoussa l'édit autorisant la première *tontine*, sur laquelle le Napolitain Lorenzo Tonti, son inventeur, fondait les plus grandes espérances. Louis XIV, pour trouver de l'argent, eut recours avec un succès fort médiocre à ce procédé.

Deux ans seulement avant la révolution, un arrêt du conseil autorisa la Compagnie royale d'assurances sur la vie. Après avoir indiqué quelques-unes des combinaisons, déjà réalisées ailleurs, le préambule se terminait ainsi : « Ces sortes d'assurances, liant utilement le présent à l'avenir, ramèneraient ces sentiments d'affection et d'intérêt réciproques qui font le bonheur de la société et en augmentent la force… » Cette phraséologie, légèrement mouillée, selon le goût « sensible » d'il y a cent ans, devait rester lettre morte ; les assurances sur la vie, qui avaient précédé historiquement, dans les derniers siècles, les assurances contre l'incendie, allaient être, dans le nôtre, de beaucoup dépassées par celles-là.

Le moyen âge avait eu, lui aussi, sa manière, très primitive à dire vrai, et marquée au coin du socialisme communal alors régnant, d'atténuer partiellement les désastres du leu. Quand un Alsacien des temps féodaux était victime d'un incendie, tous les habitants de son village devaient l'aider à relever sa maison. L'un d'eux s'y refusait-il ? l'incendie avait le droit de s'installer chez lui et de l'expulser de sa propre demeure. Entre la mise en pratique de cette mutualité obligatoire, et l'arrêt rendu sous Louis XVI pour approuver l'offre des sieurs Périer et Cie, « d'affecter un fonds de 4 millions aux assurances qu'ils donneront contre les incendies, » je n'aperçois aucune tentative financière pour atténuer les pertes causées par ce genre de désastre. On était plus avancé sous le rapport des assurances maritimes ; bien qu'un banquier du XVIIe siècle dise que « ce sont le plus souvent des procès et non des effets certains, » elles paraissent généralement usitées. Seulement elles étaient très chères : on payait, sous Louis XIV, 10 à 15 pour 100 de Bilbao à Nantes, pour une cargaison de laines, là où de nos jours on paie de 1/2 à 1 pour 100, au maximum, selon la saison et le genre du navire. Quoique les contrats de ce genre fussent très anciens, — il existait à Bruges, en 1310, une « chambre d'assurances, » — le taux des primes n'avait pas diminué depuis le XVe siècle, où il variait de 15 à 6 pour 100, et même moins : l'assurance des marchandises de Collioure à Syracuse (1418) se fait à raison de 4 1/2 pour 100 de leur valeur.

De par les lois, le commerce de l'argent sous l'ancien régime paraissait être plus particulièrement réservé aux Français. Les ordonnances de Charles IX et d'Henri III exigeaient des cautions de 300,000 francs à 1 million de notre monnaie, de tout étranger qui voulait exercer la banque. Les États de Normandie demandaient, sous Louis XIII, que l'on n'accordât la naturalisation aux négociants originaires des autres pays qu'à la condition d'avoir épousé des Françaises, et de posséder en France une certaine quantité d'immeubles, qu'ils ne pourraient aliéner. Mais les dispositions restrictives du séjour des étrangers demeuraient heureusement inappliquées ; aussi bien que les lettres-patentes promulguées en 1614, — pour la dernière fois, croyons-nous, — qui bannissaient du royaume tous les juifs, dans le délai d'un mois, sous peine de mort et de confiscation de leurs biens.

De fait, au contraire, quantité de Hollandais, d'Italiens, de Portugais et d'Anglais venaient s'établir à Paris ou dans les grandes villes de province, pour y faire la banque. D'Italie venait Zamet, « seigneur de 1,800,000 écus, » Bartollotti et Lumagne ; de Portugal venait Lopez. Lopez et Lumagne, voilà, pendant la guerre de trente Ans, les premiers ministres de la fortune publique, les gros bonnets du crédit ; hommes indispensables, sans lesquels rien ne marche, et dont le nom revient sans cesse quand il s'agit d'argent. Entrepreneurs de travaux publics, négociateurs d'emprunts, marchands de pierres précieuses, fabricans de canons et de vaisseaux, trafiquants sur métaux, ils font un peu de tout, même des métiers bizarres ; un peu espions, un peu « Tricoche et Cacolet, » ayant de la respectabilité et rehaussés par la politique.

Le seul banquier français important, sous Richelieu, Roger Desjardins, ne peut prêter d'argent à l'État. Or les États de ce temps-là, n'ayant qu'une confiance très limitée dans leur crédit réciproque, ont coutume, quand ils contractent des alliances en vue d'une guerre, de donner chacun un banquier solvable qui

III. LE CRÉDIT ET LA RUINE DES ANCIENS CAPITALISTES

répondait de leurs engagements, et s'obligeait à livrer le numéraire aux lieux où l'on en aurait besoin.

L'intervention de ces étrangers, qui mettaient à notre service leurs relations internationales, doit être considérée malgré tout comme profitable à nos affaires. Les conditions auxquelles ils nous servaient sont meilleures, et la loyauté relative qu'ils paraissent apporter à l'exécution de leurs engagements est plus grande que celle de nos compatriotes, alors fermiers des impôts et banquiers du trésor. Nos banquiers ou *partisans* français, qu'ils soient marchands en gros dans la rue Saint-Denis, ou maréchaux de France comme d'Estrées, « qui a presque toutes les maltôtes » sous Mazarin, demeurent jusqu'à Colbert attachés au budget en formation comme à une proie, et le rongent avec l'assistance de leurs païens, de leurs amis, de leurs maîtresses, — leurs *inclinations*, dit Tallemant, — qui tous et toutes font, grâce à eux, « quelques petites affaires. »

De là venait ce vieux proverbe, qui roulait entre le vulgaire, que « l'argent du roi est sujet à la pince ; » de là cette ressemblance, constatée par un prélat, entre les séraphins entourant, dans l'Ancien-Testament, l'arche d'alliance, elles financiers de son temps « qui, comme eux, avaient chacun quatre ailes : deux dont ils se servaient pour voler, et les deux autres pour se couvrir. »

C'est la situation de tous les pays où le crédit de l'État est mal établi encore ; cette situation s'améliora par la suite, mais combien lentement ! Avec quels arrêts et quels reculs temporaires jusqu'à la révolution ! L'histoire des finances publiques les fait voir dans une infériorité constante vis-à-vis des finances particulières. La seule banque gouvernementale fondée, sous l'ancien régime, avec des chances de durée, — celle de Law ne pouvant être regardée que comme une aventure, — je veux parler de la *Caisse d'escompte*, eut plus à lutter pour vivre, de 1776 à 1792, contre les ingérences du ministère, qui finalement la ruina, que contre les préjugés de l'opinion envers une institution nouvelle.

Quant au crédit individuelles progrès suivirent, en France, Une marche correspondante à la liberté dont il lui fut permis de jouir. Laffémas parlait, en 1604, des remèdes à trouver u contre les frauduleuses banqueroutes qui se font si communément aujourd'hui ; » les peines physiques ou morales que l'on réservait au failli ou au banqueroutier (car, à cette époque, banqueroute, faillite ou cession de biens, étaient encore une seule et même chose et la procédure ne les distinguait pas), ces peines, qu'il s'agisse des galères ou simplement du port d'un bonnet vert, obligatoire pour eux, n'avaient pas une action plus efficace que la mise en branle, à la bourse de Hambourg, de la cloche dite d'*infamie*, qui ne sonnait que pour annoncer la déconfiture d'un négociant. Au XVIIe siècle, avant l'ordonnance de 1673, aussi bien qu'au XIVe ou au XVe siècle, le banquier qui déposait son bilan prenait immédiatement la fuite, et laissait la liquidation se faire dans des conditions bien moins favorables que de nos jours. En adoucissant en 1673, puis en 1781, la rigueur des lois contre les faillis, on les rendit moins insolvables.

Il est seulement à regretter que les souverains, et à leur exemple les tribunaux, aient cru pouvoir si longtemps conserver le droit abusif de rompre les contrats privés, ou du moins d'en suspendre l'effet, par les « lettres d'État » ou « arrêts de surséance, » qui dispensaient les gens en faveur d'acquitter les dettes valablement contractées. Que de fois les prêteurs se plaignent de ces « *lettres de répit*, la plus belle monnaie, disent-ils, dont on les paie journellement ! » Et n'est-on pas en droit de penser que cette atteinte arbitraire à l'exécution des engagements particuliers a dû préjudicier jadis, dans une mesure inappréciable, à la confiance et au crédit général ?

IV

L'histoire de l'argent, sous ses diverses formes et dans ses manifestations variées, telle que j'ai essayé de la faire succinctement pour les six siècles qui ont précédé le nôtre, conduit à cette conclusion, déjà indiquée dans des articles précédents, mais qu'il est nécessaire de mettre en pleine lumière : mathématiquement, par la force des choses, toutes les fortunes mobilières du moyen âge sont détruites, disparues, tombées en poussière. Il n'en subsiste pas *une seule*. Quant à celles des temps modernes, elles sont tellement atteintes, que les riches des XVIIe et XVIIIe siècles ont à peine aujourd'hui une modeste aisance, et que ceux qui jouissaient alors de cette aisance modeste ne sauraient plus vivre sans travailler.

Il suffit, pour s'en convaincre, de mesurer depuis mille ans l'amincissement, on pourrait dire la volatilisation, d'un capital déterminé, sous la triple action combinée de la diminution de valeur marchande, et, par conséquent, du pouvoir d'achat, des métaux précieux, de la dépréciation de la monnaie de compte qui, tout en conservant son nom de « livre, » signifie une quantité de plus en plus petite d'or ou d'argent, de la baisse du taux de l'intérêt enfin, puisqu'on ne vit pas avec le capital de son bien, mais avec l'intérêt annuel que l'on retire de ce capital. Il n'y a pas à s'occuper du propriétaire mobilier de jadis qui n'aurait tiré aucun revenu de son capital, parce que ce capital-là est mangé depuis des siècles.

Mille livres, à la mort de Charlemagne, valaient intrinsèquement 81,000 francs, qui, ayant un pouvoir neuf fois plus grand que les nôtres, en adoptant les calculs de Guérard, correspondent effectivement à 729,000 francs, produisant, à 10 pour 100, un intérêt annuel de 72,900 francs. Ne nous arrêtons pas à ces temps obscurs sur lesquels les renseignements, jusqu'à plus amples recherches, demeurent trop rares, et, par suite, les affirmations trop hasardées.

Sautons les quatre siècles qui séparent la mort de Charlemagne de l'avènement de saint Louis : nos 1,000 livres ne contiennent plus que 21,770 francs d'argent de 1225, équivalant à 98,000 francs de 1892, leur pouvoir n'étant plus que quatre fois et demi supérieur aux nôtres, et procurant à 10 pour 100 un revenu de 9,800 fr. Ce n'est plus la richesse du IXe siècle, mais c'est encore un budget très présentable pour le particulier qui le possède. Notez que ce rentier, dont le capital se monte à 1,000 livres, est supposé se conformer avec scrupule aux lois de l'Église, en même temps qu'aux exigences de l'opinion. Il ne prête pas son bien à usure ; il a trouvé moyen de le placer de manière à satisfaire à la fois sa conscience et sa bourse ; il tient à l'estime de ses concitoyens, à l'absolution de son confesseur et se contente du taux relativement modique de 10 pour 100.

En 1300, le taux de l'intérêt et le pouvoir de l'argent n'ayant guère varié, mais la monnaie étant fort dépréciée, les 1,000 livres ne sont plus que 16,000 francs intrinsèques ou 64,000 francs relatifs, et le revenu n'en est plus que de 6,400 francs. En 1400, le pouvoir de l'argent a monté de 4 à 4 1/2, le taux de l'intérêt est le même ; mais la livre est tombée de 16 francs à 7 fr. 53. Les 1,000 livres correspondent alors à 7,530 francs, qui en valent présentement

33,880 et donnent 3,388 francs de rente. Notre capitaliste est déjà bien réduit. Au siècle suivant, en 1500, il l'est encore davantage : son bien n'équivaut plus qu'à 4,640 francs de principal, en représentant 27,840, parce que le pouvoir de l'argent a haussé de 4 1/2 à 6, et atténue, dans une certaine mesure, la baisse de la livre monnaie. Malheureusement pour lui, la quotité de l'intérêt courant n'est plus que de 8.33 pour 100, et il ne jouit que de 2,319 francs de revenu. Le voilà tout à fait à la portion congrue. Le nouveau cycle des cent années qui commencent lui ménage de plus dures surprises.

De 1500 à 1600, tout baisse à la fois : la livre tournois de 4 fr. 64 à 2 fr. 57, le pouvoir de l'argent de 6 à 2 1/2, le taux de l'intérêt de 8.33 à 6.50 ; et le rentier se trouve en 1600, à l'aurore des temps modernes, avec 417 francs de nos jours à dépenser par an. Il n'est plus ni riche, ni aisé ; il n'a plus de quoi vivre, même pauvrement. Il doit avoir recours au travail pour se procurer le complément de sa subsistance. En 1700, son petit pécule a continué à s'évaporer. Quoique le pouvoir de l'argent se soit légèrement relevé, les 1,000 livres, ou 4,440 francs relatifs, ne rapportent, à 5 pour 100, que 222 francs. Au moment de la Révolution, la livre est tombée à 0 fr. 90, le pouvoir de l'argent à 2 ; notre homme ne touche plus alors que 90 francs. Enfin, en 1892, il a, pour toute fortune, 900 francs de capital, soit, à 4 pour 100, 36 francs d'intérêt. C'est un ouvrier qui possède, comme beaucoup d'autres, quelques économies représentées par un livret à la caisse d'épargne. Si, comme il est possible, le pouvoir de l'argent diminuait encore, et surtout si le taux de l'intérêt vient à tomber à 2 1/2 ou à 2 pour 100, comme il arrivera très probablement d'ici un siècle, et même auparavant, à 'moins d'événements difficiles à prévoir, le revenu de notre richard de l'époque carolingienne, de notre bourgeois des temps féodaux, de notre petit propriétaire d'il y a trois siècles, représentera à peine le prix d'une journée de travail, dans une grande ville, pour les professions bien rétribuées.

Pour s'en tenir au moment présent, on voit que la somme, ou plutôt le revenu dont il s'agit, pris pour symbole de la valeur mobilière, a subi, depuis le XIIIe siècle, un dépérissement de 96 pour 100 par la dépréciation de la monnaie, de 75 pour 100 par la diminution du pouvoir de l'argent, et de 60 pour 100 par le fait de l'abaissement du taux de l'intérêt. En juxtaposant ces trois causes

III. LE CRÉDIT ET LA RUINE DES ANCIENS CAPITALISTES

de moins-value qui ont agi de concert, une somme de 1,000 francs de l'an 1200 s'est trouvée, par la première, réduite à 37 francs ; ces 37 francs ont été réduits, par la seconde, à 9 fr. 25 ; et ces 9 fr. 25 ont été réduits, par la troisième, à 3 fr. 70.

Ces 3 fr. 70 sont tout ce qui reste des 1,000 francs de revenu mobilier de 1200. Il n'y a pas, dans ce résultat, place pour la moindre hypothèse, pour le moindre doute, c'est un calcul brutal et simple. On peut le faire pour toutes les autres époques ; l'on verra que, pour être moins entière, la dépossession du propriétaire mobilier n'en a pas moins été considérable : sur 1,000 francs de revenu de l'an 1500 il ne reste aujourd'hui que 15 francs ; et sur 1,000 francs de revenu de l'an 1700, c'est-à-dire d'il y a seulement deux siècles, il ne reste que 166 francs.

Évidemment, ces calculs absolus ne peuvent s'appliquer *pratiquement* à aucun cas particulier. Il n'a pas existé depuis Philippe-Auguste, ou depuis François Ier, ou depuis Louis XIV une seule fortune métallique, s'élevant en capital à 1,000, 10,000, ou 100,000 livres, qui se soit transmise d'un individu à un autre, sans aucune vicissitude autre que l'avilissement progressif auquel nous venons d'assister. Mais cet avilissement inéluctable de la richesse numéraire ; depuis sept siècles, est d'une haute portée morale ; cette constatation de l'expérience répond, plus victorieusement que tous les discours des hommes d'État ne le peuvent faire, aux réclamations communistes contre « l'odieux capital. »

Quand l'économie politique énonce que le capital n'est que du « travail accumulé, » et que l'on coudoie tous les jours des riches qui ne travaillent pas et dont les pères n'ont pas travaillé davantage, on est involontairement assailli de doutes sur la valeur réelle de cette affirmation scientifique. On se demande si, en la tenant pour vraie à l'origine, l'accumulation de travail dont ce capital est le résultat ne remonte pas à des époques bien reculées ; si la jouissance des descendants de l'accumulateur primitif, qui possèdent toujours et ne travaillent jamais, ne se prolonge pas déjà depuis assez longtemps pour que les classes déshéritées, qui ne possèdent jamais et qui travaillent toujours, n'aient pas quelque titre à demander la révision de ce qui semble être un privilège éternel, dans une société comme la nôtre, ennemie de tout privilège et très vivement éprise d'égalité. La question a dû se poser, n'en doutons pas, dans plus d'une intelligence droite et honnête.

C'est pour cela qu'il m'a paru important de montrer ici que tous les capitalistes mobiliers, *sans exception*, sont de date récente, et même très récente, et qu'il n'est pas possible, chiffres en main, qu'il en soit autrement. C'est avec intention que je dis les capitalistes mobiliers ; car tout ce qui précède s'applique exclusivement à eux et non aux capitalistes fonciers. La destinée de ceux-ci est beaucoup plus douce. Les hauts et les bas, inséparables de tout ce qui dure, ont pu atteindre leurs personnes ; mais leurs biens n'ont été affectés en définitive par aucune fatalité fâcheuse. Au contraire, la force des choses, les progrès de la civilisation, travaillaient pour eux, maintenaient ou augmentaient leur valeur.

Ce phénomène est bien saillant déjà lors des rachats de rentes foncières, opérées par les seigneurs au XVIIe siècle. Quand on rachète en Beauce, pour 10 livres, sous Louis XIV, une rente de 17 sous, créée antérieurement sur deux arpents de terre, ces deux arpents de terre valent couramment 200 livres entre vendeurs et acheteurs indépendants. Les 10 livres, moyennant lesquelles le descendant du propriétaire qui avait aliéné le fonds exerce le droit de rachat, réservé par son aïeul, étaient cependant le prix de la terre au moment de la constitution de la rente, qui ne datait peut-être que de cent ou cent cinquante ans. La différence qui sépare 10 livres de 200 nous fait voir que l'argent avait perdu, vis-à-vis de la terre, dans cette courte période, les 19 vingtièmes de sa valeur ; ou, si l'on veut, que le prix de la terre, exprimé en livres, était vingt fois plus élevé qu'auparavant.

Le traitement si opposé, dont les capitalistes mobiliers et fonciers ont été l'objet dans l'histoire, semble devoir prendre fin. La terre avait profité jusqu'ici, pour la vente de ses produits, d'avantages que la facilité des communications dans le monde entier fait presque disparaître. Son monopole est menacé, et, quelques barrières qu'on imagine pour en perpétuer l'existence, il est condamné. Au XVIe siècle, l'étranger nous a envoyé son argent et son or ; au XIXe, il nous envoie son grain et ses bestiaux. On n'a pas arrêté l'or ni l'argent, qui ont contribué à spolier d'une façon atroce le détenteur de métaux précieux, en France. Pourquoi arrêterait-on le blé qui gêne aujourd'hui les détenteurs de céréales de notre pays ? On n'a pas essayé de sauver du naufrage, où ses économies se sont

III. LE CRÉDIT ET LA RUINE DES ANCIENS CAPITALISTES

englouties, le propriétaire mobilier de jadis ; pourquoi essaierait-on de maintenir à flot le propriétaire foncier d'aujourd'hui ? Et si la terre doit baisser, pourquoi chercher, par la législation, à lui conserver un prix factice ? Lorsque précisément les gouvernements songent à améliorer le sort de l'ouvrier, en augmentant ses recettes, — ce qui est impossible, — pourquoi ne laissent-ils pas au moins ses dépenses diminuer, — ce qui est possible, — par l'abaissement, ou du moins l'immobilité, du prix de la vie, comparé à l'élévation croissante des salaires ?

Bien que, considérées en elles-mêmes et abstraction faite de leurs possesseurs, depuis 1200 jusqu'à 1892, la fortune mobilière se soit évanouie, tandis que la fortune foncière grandissait, — malgré les mouvements de reculs, plus ou moins rudes et longs, les terribles *krachs*, pour me servir d'un mot récent, dont elle a été victime dans les siècles passés, — si l'on fait l'histoire des individus et non pas seulement celle des chiffres, on remarque que toutes les fortunes privées, quelle que soit leur nature, n'ont pas cessé d'être dans un mouvement perpétuel. Le passage de la pauvreté à l'aisance, de l'aisance à la richesse, et le passage opposé de l'opulence à la misère, ont été la règle commune, l'état normal des temps qui nous ont précédés.

Par suite, les allées et venues des familles, du haut en bas et du bas en haut de l'échelle sociale, ont été constantes et très rapides. L'égalité naturelle, qui est au fond de l'humanité, la sélection des intelligences, a joui, non pas, — cela va sans dire, — de la plénitude des droits qu'elle possède aujourd'hui où aucune entrave ne l'arrête, mais de droits beaucoup plus étendus qu'on ne se le figure, étant donnée la construction d'une société qui parquait chacun, en apparence, dans une case infranchissable jusqu'à la consommation des siècles. « Chez les peuples démocratiques, a dit Tocqueville, de nouvelles familles sortent sans cesse du néant, d'autres y retombent sans cesse ; .. la trame des temps se rompt à tout moment et le vestige des générations s'efface... » Cela est vrai, quoique dans une moindre mesure, pour la France féodale ou monarchique des derniers siècles.

Georges d'Avenel

V

Ce serait un livre bien curieux que celui qui contiendrait le récit, solidement documenté, de l'existence de cent familles françaises, prises au hasard en l'an 1200 dans tous les rangs de la société, depuis les hauts barons jusqu'aux plus humbles serfs, réparties dans les diverses provinces, au nord et au midi, et qui les suivrait jusqu'en 1892. On y verrait les plus étonnantes péripéties.

Malheureusement la trace des petites gens n'est pas facile à suivre ; ce sont des filets d'eau dans un océan. Ils (ont si peu de bruit et tiennent si peu de place. Pour ces microbes de l'organisme social, il n'existe pas de microscope à portée de l'historien. On ne les aperçoit que quand ils grossissent. Quand un individu émerge à la surface, sort de l'ombre, les renseignements abondent. Tant que ses descendants demeurent dans une certaine lumière, on arrive, avec quelque effort, à ne pas les perdre de vue. Mais quand ils plongent, quand ils rentrent dans la foule, l'obscurité se fait de nouveau sur eux ; et bien des familles qu'ainsi l'on croit éteintes sont seulement disparues. On ne les avait vues monter qu'à partir d'un certain niveau, on ne les voit également descendre que jusqu'à un certain niveau ; c'est comme la ligne de l'horizon à laquelle apparaît et disparaît le soleil.

D'après mes recherches personnelles, d'après les cas nombreux de décadence et d'élévation qui me sont passés sous les yeux, je crois que l'histoire privée des Français, à mesure qu'elle sera mieux connue, confondra fort ceux qui nous vantent si volontiers la stabilité sociale du « bon vieux temps, » en même temps que ceux qui rêvent d'une remise à neuf de la société actuelle, ayant pour objet un nivellement obligatoire des fortunes : les opinions que l'on appelle « rétrogrades, » et celle que l'on nomme « avancées. »

Cette stabilité sociale ne pouvait aller sans la stabilité pécuniaire, puisqu'on ne gardait un certain rang qu'avec une certaine bourse ; et la bourse de chacun a subi mille fluctuations depuis sept siècles. La richesse (terrienne ou métallique) de notre propriétaire de 1,000 livres tournois, accrue par les mariages et les successions, morcelée à l'infini par les partages *mêmes dans les maisons nobles*, a été dissipée par les prodigues, reconstituée par les thésauriseurs, centuplée par les travailleurs et les habiles qui la firent valoir, dispersée par les indolents, les malchanceux, les déséquilibrés qui la risquèrent mal à propos. Les événements politiques y influèrent : la faveur des princes, les postes avantageux ; ou les jacqueries, les guerres, les confiscations, depuis l'abolition du servage au XIIIe siècle jusqu'à l'abolition des rentes féodales, d'ailleurs possédées pour la majeure partie par des bourgeois, en 1790.

Quel mystère dans l'ascendance de tant d'inconnus qui ignorent leurs ancêtres ! Bien des prolétaires d'aujourd'hui sont, sans nul doute, les fils des millionnaires de jadis ; tel anarchiste fougueux descend peut-être de générations cossues, qui ont exploité, pendant des centaines d'années, les sueurs des populations du moyen âge. Tel réactionnaire endurci, qui défend avec une âpre bonne foi les prérogatives de la naissance ou de la propriété, n'est-il pas un noble d'hier, un propriétaire d'avant-hier, longtemps mainmortable et attaché à la glèbe, en la personne de ses aïeux paternels ou maternels ?

Car ce reproche, parfois adressé de nos jours aux paysans, de vouloir faire de leurs fils des « messieurs, » — reproche singulier en somme, puisque cette émulation est l'indice de la prospérité, la source en même temps que le résultat des progrès d'un peuple, et qu'un pays où les paysans ne voudraient jamais faire de leurs fils que des paysans serait un pays condamné à mort, — ce reproche pourrait s'adresser aux générations qui se succèdent depuis des siècles. Voilà six cents ans, il suffit pour s'en convaincre de pénétrer l'intimité de notre vie nationale, que les « vilains » cherchent, autant qu'ils le peuvent, à faire de leurs fils des « seigneurs. » Et beaucoup y ont réussi ; cependant il y a toujours des paysans, parce que d'anciens seigneurs ont pris leur place dans les chaumières.

Il est une illusion d'optique qui fait croire, dans les siècles écoulés, à la possession exclusive de la propriété foncière, du moins de la grande propriété rurale, par la classe aristocratique. L'illusion tient à ce fait qu'autrefois, à mesure qu'une famille devenait riche, elle devenait noble. On ne pouvait pour ainsi dire pas devenir riche sans devenir noble ; et pourquoi d'ailleurs se serait-on privé de la noblesse lorsqu'elle venait d'elle-même à l'argent ? Aujourd'hui l'extrême richesse de ceux qu'on nommait, sous l'ancien régime, les « roturiers » frappe davantage, parce que le riche du XIXe siècle dédaigne, non toujours, mais le plus souvent, les vaines apparences de gentilhommerie, qu'il veut régner démocratiquement sous son nom plébéien, tandis qu'il y a deux ou trois cents ans son premier soin eût été d'en changer, même de « décrasser, » par des combinaisons de parchemin, ses aïeux dans leur tombe ; et qu'ainsi à distance, nous qui le trouverions « seigneur » ou « sieur » de quelque chose, nous ne verrions pas aussi nettement son entrée dans la caste privilégiée.

Aux XVIIe et XVIIIe siècles, ce qu'on appelait noblesse n'était, — pour les dix-neuf vingtièmes d'après Chérin, — que du tiers-état enrichi, élevé, décoré, possessionné. Le seigneur de Rozoy (Seine-et-Marne), en 1720, est fils d'un laboureur devenu propriétaire de la terre qu'il cultivait. La famille Pourten, en Périgord, passe de 1600 à 1650 de l'état de tenancier à celui de marchand, homme de loi, capitaine et gentilhomme. Lorsque des lettres-patentes de Louis XIII, en faveur des bourgeois de Sens, ou de Langres, les *confirmaient*, — ils en jouissaient régulièrement depuis Charles VII, — dans le droit de posséder des terres nobles, sans payer aucun impôt, le même M privilège » avait été concédé aux bourgeois de toute la France, ou à peu près. On le voit, lors des « dénombrements » officiels des fiefs, faits par l'administration.

A Nîmes, à la fin du XVIe siècle, l'un des fils d'un tondeur de drap devient baron du Cailar, et son frère, seigneur de Saint-Jean-de-Gardonnenque ; le fils d'un tailleur d'Avignon achète en 1615 les seigneuries de noble J. de Brignon. Un contrat de 1523 constate que Guy du Fardeau, *homme-serf*, est propriétaire d'une pièce de terre du nom de la Rochette (près Semur, dans la Côte-d'Or) ; dix ans plus tard ce du Fardeau, marié à une femme franche, est affranchi lui-même du servage, par son seigneur, qui veut ainsi « lui donner moyen d'avancer ses enfants, ce qu'il ne saurait faire, restant serf. » Autour de sa maison, cet ancien « homme de corps » groupe un domaine, creuse un étang, plante des vergers ; il jouit des mêmes droits que les « francs-bourgeois et habitants de Dijon. » En 1570, la famille du Fardeau a grandi ; le fils de Guy est qualifié d'écuyer, homme d'armes, seigneur de Sauvigny ; il est riche. Le fils du serf traite d'égal à égal avec son suzerain, Gui de Rabutin, le grand-père de Mme de Sévigné. Celui-ci s'est seulement réservé le droit de justice. En 1610, le petit-fils de Du Fardeau, qui s'appelle *Hugues de*

III. LE CRÉDIT ET LA RUINE DES ANCIENS CAPITALISTES

Montbezon, achète enfin ce droit de justice qui lui manquait ; ses enfants ont des charges militaires, c'est un gentilhomme.

Remontons plus haut ; prenons la liste des hommes d'armes qui paraissent aux « monstres » ou revues, aux diverses dates de notre histoire ; consultons les cartulaires des abbayes, mines précieuses de documents en ce genre, nous verrons disparaître à chaque siècle des quantités de noms, que remplacent, aux siècles suivants, d'autres noms sortis de l'obscurité. A Bordeaux, sur la fin du XIVe siècle, un notaire, Bernard Angevin, devenait « noble et puissant seigneur, chevalier de Lesparre, Tyran, etc. » Dans le nord les désastres de Poitiers, d'Azincourt, dans tout le royaume, les dévastations de la guerre de cent ans révolutionnèrent la fortune privée et l'état social, en détruisant les choses (châteaux, moulins, etc.), et les droits attachés à ces choses, et les gens qui les possédaient.

Une partie de la « classe dirigeante » d'alors disparut par fer, ruine, émigration. Les vides furent remplis par des familles nouvelles. Que de déclassements individuels n'ont pas suivi les guerres locales, de château à château ! Que de dépossessions ont entraînées les guerres de religion ! En temps calme, plus près de nous, que de hasards dans les destinées ! Combien de fois, parmi les mendiants arrêtés sous Louis XIV et Louis XV, et enfermés dans les hospices, ne se rencontre-t-il pas des membres de familles riches ou nobles de vieille extraction ! Que de rameaux se détachent, de races dont le tronc est demeuré illustre, et tombent dans l'humilité d'un quasi-néant ! Je ne voudrais désobliger personne en citant des noms, chacun de mes lecteurs n'en a-t-il pas sur les lèvres ? ..

Ainsi, sous l'action de causes multiples, les anciennes fortunes mobilières se sont vues fatalement rongées par le temps, et l'ensemble des fortunes privées, mobilières ou foncières, a bien des fois changé de mains, transférées involontairement par les anciens riches à des riches nouveaux.

Une dernière question se pose : y a-t-il eu autrefois, *comparativement*, d'aussi grandes fortunes qu'aujourd'hui ? Y en a-t-il eu en plus ou moins grand nombre qu'aujourd'hui, proportionnellement à la population ? La difficulté consiste ici autant à vérifier les chiffres qu'à se les procurer. Ceux qui ont cours dans les conversations mondaines, à la Bourse, dans la presse, sur nos Crésus contemporains, sont bien vagues et en général très exagérés. On juge s'il en dut être de même autrefois, où l'opinion n'avait même pas pour base les droits de mutation, payés en cas de décès, et les impôts sur le revenu.

Les auteurs de mémoires, de correspondances, sans suspecter aucunement leur bonne foi, n'ont pu y consigner que ce qu'ils entendaient dire autour d'eux, ce qu'ils croyaient être la vérité. Une certitude absolue ne pourrait résulter, pour les temps passés, que d'inventaires authentiques, et ils sont fort rares. Pour les temps présents, les droits d'enregistrement que prélève le fisc, lors de la transmission des héritages, ne peuvent servir de points de départ : les grandes fortunes se composent d'éléments très divers ; les immeubles qu'elles comprennent paient le droit au bureau dont ils dépendent géographiquement, les valeurs étrangères ne figurent pas dans le total. De plus, il y a des fraudes énormes. Il n'y en a pas moins dans les déclarations qui servent de base aux impôts sur le revenu, en Prusse, en Angleterre. Si les données fournies par le bruit public sont de beaucoup supérieures à la vérité, en revanche, les renseignements tirés des documents fiscaux lui sont inférieurs ; et il n'est pas aisé de prendre la moyenne d'appréciations si différentes.

Le contribuable le plus imposé en Prusse ne paie que pour 3 millions de francs de rente ; en Angleterre, d'après l'*income-tax*, le plus gros revenu mobilier n'est que de 3 millions et demi de francs, tandis que le plus gros capital foncier, celui du duc de Norfolk, atteint 225 millions. Ce sont de jolis deniers ; mais en doublant, en quadruplant même les fortunes *mobilières* ci-dessus, fortunes de banquiers pour la plupart, dont la dissimulation a pu être extrêmement aisée, elles restent encore bien en deçà de ce qu'on croit communément.

En France, le particulier le plus riche de la seconde moitié du XIXe siècle a été le baron James de Rothschild, chef de la maison de banque qui porte son nom. La fortune des Rothschild demeurera proverbiale, dans les siècles à venir, comme sont demeurées célèbres celles des Salimberni, de Sienne, qui faisaient le commerce de l'argent au XIIIe siècle, exploitaient des mines de métaux précieux, vendaient, dans de nombreux magasins situés en diverses villes, une foule d'objets et d'étoffes en gros et en détail ; celle de Philpot, armateur de Londres sous Richard II, au XIVe siècle, qui s'emparait en un jour de quinze vaisseaux espagnols, et, à la même époque, celles de Renier Flamand, d'Enguerrand de Marigny, de Mâche des Mâches (*Machius des Machis*), et de Pierre Remy, général des finances, pendus tous les quatre à tour de rôle, le dernier laissant à sa mort 1,200,000 livres, ou 52 millions de francs d'aujourd'hui. Elle sera fameuse comme, au XVe siècle, celles du surintendant Montaigu et de Jacques Cœur, au XVIe, celles du chancelier du Prat, de Fugger, banquier de Charles-Quint et d'Henri VIII ; ou, dans les temps modernes, celles de Montauron, de Lambert, de Mazarin, de Samuel Bernard ou des frères Paris ; comme l'ont été enfin, sous Napoléon et Louis XVIII, celles d'Ouvrard et de Laffitte.

Tous ces noms opulents, qui n'ont laissé que le souvenir de leur opulence, montrent que la richesse, pour être plus héréditaire que le génie, n'en est pas moins précaire, elle aussi, sujette à se dissoudre et très difficile à conserver. Par ce que sont devenues les fortunes anciennes, on peut augurer de ce que deviendront les fortunes présentes dans l'avenir. Les anarchistes, qui voudraient rendre la propriété viagère, peuvent se consoler en réfléchissant qu'elle ne résiste que très exceptionnellement pendant une longue suite de générations.

VI

Le type de la richesse la plus extrême à laquelle il ait été donné à une personne privée de parvenir, M. James de Rothschild, est mort en 1868 ; et je ne crois pas commettre d'indiscrétion en répétant, dans un travail historique comme celui-ci, ce que j'ai appris d'une des personnes qui passaient pour avoir présidé à l'inventaire, à savoir : que la fortune du défunt s'élevait, à cette date, à la somme de huit cents millions environ, sans compter les meubles, bijoux, et objets d'art non productifs de revenu. Sans entrer dans des détails qui toucheraient à la vie privée, je dois à la vérité de déclarer que les fils du défunt, interrogés officieusement sur la réalité de ce chiffre, affirment qu'il est fort exagéré : on ne peut donc l'admettre que sous réserves.

Huit cents millions, ce n'était pas tout à fait « un milliard sept cents millions, » comme les journaux du temps l'imprimèrent, mais c'était encore une somme inouïe jusque-là, et qui ne s'est plus revue depuis lors. En effet, lors même que les opérations de la maison « Rothschild frères, » de Paris, auraient, depuis vingt-trois ans, réussi de telle manière que cette fortune colossale se serait, ainsi qu'on le suppose, augmentée de moitié, elle n'en est pas moins coupée dès à présent en cinq morceaux ; elle sera dans trente ans divisée entre douze ou quinze têtes au moins ; et la banque, si elle subsiste, ne sera plus qu'une société anonyme très puissante, offrant seulement cette particularité que tous les actionnaires seront unis par des liens de parenté, que d'ailleurs le temps distendra un peu plus chaque jour.

Cette dispersion d'un si gros lingot n'aura pas pour cause unique notre législation, et le partage égal, ou à peu près égal, qu'elle impose, — les membres de la famille Rothschild de Paris sont tous Français. — En Amérique, où existe la plus large liberté de tester qui fut jamais, on a vu récemment pour le milliardaire Van der Bilt une semblable brisure. Elle se produirait avec le droit d'aînesse d'une autre façon ; les substitutions seules, si elles étaient admises, pourraient sauvegarder le capital pendant un temps plus ou moins long, mais non l'intérêt ; parce qu'il suffit d'un dissipateur, dans une lignée, pour grever lourdement les générations à venir, et réduire les substitués à la condition de propriétaires honoraires et nominaux de biens dont les revenus ne leur appartiennent pas. Cela se voit fréquemment en Angleterre et en Autriche : la plus grande fortune de Hongrie, celle des Esterhazy, dont les terres paient annuellement 836,000 francs d'impôt foncier, est dans ce cas.

Il ne m'appartient pas du reste de disserter sur l'avenir. En demeurant dans le passé, qui seul fait l'objet de cette étude, nous sommes amené à nous demander s'il a existé autrefois, je ne dis pas dans le monde romain, — la chose est possible, au temps des empereurs ou à la fin de la république, quoique difficile à vérifier, par suite de notre connaissance imparfaite du pouvoir de l'argent, — j'entends au moyen âge, ou dans l'ère moderne, une fortune privée correspondant à 800 millions de francs d'aujourd'hui.

Le pouvoir de l'argent étant, dans le premier quart du XIIIe siècle, quatre fois et demie plus fort que de nos jours, les 800 millions de francs équivaudraient à 178 millions seulement, qui seraient représentés (la livre étant de 22 francs) par 8 millions de livres tournois. Personne, à ma connaissance, n'a possédé alors, en meubles ou en immeubles, une semblable richesse ou une richesse approchante à bien loin près ; personne, ni particulier, ni prince, pas même le roi de France. Huit millions de livres tournois supposaient alors un revenu de 800,000 livres ; or la dépense de la maison de saint Louis était de 50,000 livres (1251), et la pension de la reine de 500 livres. La dépense annuelle d'un seigneur, comme le comte de Savoie, était de 4,800 livres (1279).

On ne voit pas davantage d'opulence analogue en 1300, où, pour faire 800 millions de francs, il eût fallu 12 millions de livres tournois, en 1400 où il en eût fallu 24 millions, en 1500 où il en eût fallu 30 millions. Les revenus produits par des capitaux semblables eussent été de 1,200,000 et de 2,400,000 livres. Mais, en 1316, les dépenses du roi, de la reine et des enfants de France ne montent ensemble qu'à 53,000 livres ; celles de Charles VII ne montent qu'à 31,000 livres (1450), celles de Louis XI qu'à 86,000 livres (1483). Les budgets de grands seigneurs sont à l'avenant : la veuve du roi de Majorque, comte de Roussillon et de Barcelone, a 2,500 livres (1335) ; Dunois, le bâtard d'Orléans, en a 1,000 (1433), la duchesse d'Orléans en a 5,000 (1449).

Les dépenses personnelles de ces princes ne prouvent pas, dira-t-on, que leur revenu ne fût pas infiniment supérieur, puisque, dès le XIVe siècle, le budget des recettes de Philippe VI de Valois s'élevait à 814,000 livres tournois (1335) ; seulement le mot de revenu ne peut déjà plus s'appliquer à ces rentrées annuelles, où l'impôt figurait pour une très grosse part. Ce ne sont plus des fortunes privées, mais des budgets d'État, absorbés en grande partie par des dépenses d'intérêt public ; et aucune assimilation n'est possible entre ces budgets, prélevés sur la propriété collective, et les propriétés individuelles dont les possesseurs jouissent suivant leur bon plaisir.

Il est ici une observation à faire : c'est que le riche de nos jours est, à un certain point de vue, plus riche que celui d'autrefois, parce qu'à sa richesse ne correspond aucune de ces obligations politiques ou sociales qui incombaient aux richesses aristocratiques du passé. C'est le propre de la richesse démocratique que, ne conférant

Georges d'Avenel

aucun droit, elle ne peut astreindre à aucun devoir. Il n'en était pas de même jadis où la fortune immobilière, sous sa forme unique de domaines nobles, — la propriété urbaine était peu de chose, — faisait peser sur les individus qui la détenaient des charges proportionnées à leur revenu. En première ligne, parmi ces charges inévitables et coûteuses, on peut citer les frais de garde militaire, la nécessité d'entretenir à son compte justice, police et gendarmerie, au profit de ses voisins ou de ses vassaux.

Les conditions économiques, je serais tenté de dire physiques, de la France du moyen âge, — pas de communications, besoins généraux très restreints, insécurité résultant de la barbarie, — et, plus encore que les conditions physiques, la constitution politique du pays, s'opposaient à la formation des grandes fortunes et au maintien des grandes fortunes acquises. Il était presque impossible de les faire, et tout à fait impossible de les conserver. Toute grande industrie, tout vaste commerce, étaient inconnus parce qu'ils étaient prohibés. Les esprits chagrins, qui accusent le présent d'avoir donné naissance à la haine des non-possédants contre l'accroissement du capital d'autrui, n'ont qu'à se promener à travers la législation des XIVe et XVe siècles ; ils y verront quelles mailles serrées les idées jalouses de nivellement, qui présidaient aux corporations ouvrières, avaient noué autour de celui qui prétendait s'enrichir ; quel problème c'était d'élargir cette prison, à plus forte raison de s'en échapper.

De tous les commerces, celui de l'argent, les spéculations lucratives, — non pas toujours respectables, mais bien souvent utiles au crédit, et en tout cas inséparables des larges entreprises, — auxquelles il se prête, était alors le plus aléatoire, le plus persécuté. Ceux qui cependant y réussissaient, soit qu'ils opérassent avec l'appui des pouvoirs politiques, soit qu'ils fussent eux-mêmes le pouvoir politique, comme Enguerrand de Marigny, Montaigu, Semblançay, finissaient assez communément par la potence, après dépouillement préalable de ce qu'ils avaient acquis. L'État remettait la main sans scrupule sur ce qu'il avait donné, sur ce qu'on lui avait pris, sur ce qu'on avait gagné à cause de lui, ou même sans lui.

Il n'y avait que les petits pays où les choses ne se passaient pas ainsi, parce que le richissime particulier achetait le petit pays, république ou principauté, et en devenait le maître sous un nom ou sous un autre. Ce fut le cas des Médicis à Florence. Le trône ou le gibet, il n'était pas d'autre alternative pour un individu qui avait excédé les bornes de l'extrême opulence.

Le grand mouvement d'affaires qui se produisit aux XVIe et XVIIe siècles, fut au contraire favorable à la concentration de fortunes supérieures à tout ce qu'on avait vu jusque-là. Les mœurs s'adoucirent ; les gouvernements, et, par suite, l'ordre matériel dont ils étaient les gardiens se fortifièrent. Les idées sur le prêt et le commerce de l'argent devinrent plus raisonnables. Une richesse territoriale que l'on citait à la fin du XVe siècle était celle de la maison de Rohan ; elle montait en revenu, d'après un inventaire détaillé de 1480, à 8,000 livres de Bretagne, soit 10,000 livres tournois, ou 280,000 francs de notre époque, en tenant compte du pouvoir de l'argent. Cinquante ans plus tard (1534), le chancelier du Prat laissait en mourant 800,000 écus, et, dans sa maison d'Hercules, 300,000 livres, si l'on en croit *le Journal d'un bourgeois de Paris*, sous François Ier ; c'est-à-dire une somme de 36 millions de francs environ de notre monnaie, qui pouvait rapporter, — à 8.33 pour 100, taux ordinaire de l'époque, — 3 millions de francs de rente. Le banquier Fugger, en 1550, laissait 6 millions d'écus d'or, qui correspondent en capital à 240 millions de francs actuels, et en revenu à 20 millions de francs. C'est là, certainement, la plus grosse fortune du XVIe siècle.

Les plus considérables du XVIIe siècle furent également acquises par la banque, et surtout grâce à la clientèle de l'État. Tout manieur de fonds publics en garde aux doigts de fortes parcelles ; tout surintendant des finances n'a qu'à laisser sa main ouverte pour la voir constamment s'emplir, depuis Bullion, qui amassa 700,000 livres, ou 3 millions 1/2 de francs de revenu, jusqu'à Émeri et Fouquet. La politique comblait de trésors ses amans heureux, sous la monarchie française, avant Colbert, comme elle fait aujourd'hui dans les républiques de l'Amérique du Sud. La richesse suivait toujours la puissance, et Mazarin laissait une fortune de 60 millions de livres, qui font 240 millions de nos francs, autant que Fugger, cent ans plus tôt, mais produisant un intérêt moindre d'un tiers.

Les entreprises d'ordre privé remplacèrent, au XVIIIe siècle, pour les hommes d'argent, cette moisson que leurs prédécesseurs fauchaient dans les finances publiques. Quoique les fermiers-généraux de Louis XV soient tous des millionnaires, et, comme tels, des seigneurs très respectés, aucun n'atteint aux chiffres prestigieux que je viens de citer pour la minorité de Louis XIV.

Il a été réservé à notre siècle de voir l'industrie, le commerce, les grands travaux d'utilité générale, déplacer des sommes immenses et procurer à ceux qui les ont mis en œuvre, — non pas à tous, puisqu'il y a eu depuis cinquante ans des ruines mémorables, mais à plusieurs, — des fortunes gigantesques, plus rapidement édifiées qu'elles ne pourront l'être sans doute dans l'avenir.

L'histoire du passé, comparée à notre état présent, aboutit donc à cette constatation singulière : que les fortunes anciennes ont toutes été forcément anéanties, mais qu'elles ont été remplacées par des fortunes beaucoup plus grandes. Car ce que nous avons remarqué pour la richesse du feu M. de Rothschild, mise en regard des plus fortes richesses du moyen âge et des temps modernes, j'ai la conviction qu'on le remarquerait également, en mesurant les cinquante, ou les cent plus grandes fortunes de chaque siècle, à la taille des cinquante ou des cent plus grandes fortunes du nôtre. Le chef des socialistes allemands écrivait récemment aux anarchistes parisiens qu'il était avec eux « dans la lutte à outrance contre ces communs ennemis : le *capitalisme*, le *despotisme* et le *chauvinisme*. » Or le « despotisme » a disparu dans l'Europe civilisée ; le « chauvinisme » disparaîtra sans doute ; mais le « capitalisme » ne disparaîtra pas. Seuls les titulaires de capitaux continueront à changer, par la seule force de la loi naturelle, que la loi politique n'a qu'à laisser librement accomplir son œuvre, œuvre juste en somme, puisque le plus souvent elle récompense le travail, l'habileté, la patience et l'économie.

Cependant, de l'abaissement du taux de l'intérêt depuis le moyen âge jusqu'à nos jours, le capitaliste ancien n'a pas été l'unique victime. Le travailleur actuel en souffre aussi et en souffrira plus encore dans l'avenir. Quand ses épargnes, au lieu de lui donner 10 pour 100 de revenu, comme sous Philippe le Bel, 8 pour 100 comme sous François Ier, 6 pour 100 comme sous Louis XIV, ou 5 pour 100 comme sous Napoléon Ier, ne lui donnent plus que h ou 3 J/2 pour 100 de revenu, comme à la fin de ce XIXe siècle, l'ouvrier a deux ou trois fois plus de peine, ou, si l'on veut, met deux ou trois fois plus de temps à passer rentier. A mesure qu'il devient

III. LE CRÉDIT ET LA RUINE DES ANCIENS CAPITALISTES

capitaliste, il doit prendre sa part des désagréments que le progrès moderne inflige à la classe des capitalistes.

Seulement ce même progrès moderne lui ménage d'amples compensations en qualité de travailleur. En cette qualité, il semble destiné, si la législation n'y oppose pas des entraves factices, à recueillir seul, durant des siècles, le principal fruit de la civilisation.

ISBN : 978-1539561873

Georges d'Avenel